U0581378

治学的方法与技巧

牛润珍 编

人民出版社

目录

第二编　治学方法

第三编　治学经验

凡　例

1.本书所选文章，分为三编，每编内以文章发表时间先后排序。

2.本书所选文章，一般采用原标题。从论著、书信及相关报道中摘录成文者，由编者拟加篇名，以注释形式标明原文出处。

3.本书所选文章，一般采用原文标点符号，原文无标点时，依现代汉语标准添加标点符号；原文标点符号不合现在规范者，一般只对因标点错误而有损文意者稍作改动，其余尽量保留原貌。

4.本书所选文章，原文一般为竖排繁体，现将繁体字转为简体字，仅在有可能影响文意时保留原繁体字。原文中通假字、异体字一般予以保留。

5.本书所选文章，原文中的外文译名一律保留原貌，仅在有可能引起误会时标明现在译法。

6. 本书所选文章，能确定有遗漏处，在方括号（〔 〕）内标出所缺文字；怀疑原文有误，在方括号内添入拟定的正确文字。

7. 本书所选文章，原则上皆撰有导读，便于读者明了其前因后果。

8. 本书所选文章，作者皆已去世 50 年以上。

第 一 编

治学宗旨

王国维《文学小言》导读

　　王国维曾于1906—1907年相继在《教育世界》上发表了数篇以"小言"为题的文章，如《教育小言十二则》《教育小言十则》《教育小言十三则》《文学小言》等。《教育世界》由罗振玉于1901年5月在上海发起创办，是中国最早的教育刊物，每月上、下旬出版，至1908年1月停刊，共出版166号，介绍中外教育思想、教育制度等。前期由罗振玉自任主编，自69号后由王国维任主编。

　　《文学小言》一文共17小节，其中第5小节中的"三种阶级"在《人间词话》中被改为"三种境界"，体现了王国维对人生、对学问哲理思考的深化，对后世产生了深远影响。今节选《文学小言》前5小节。

文学小言（节选）*

王国维

一

　　昔司马迁推本汉武时学术之盛，以为利禄之途使然。余谓一切学问皆能以利禄劝，独哲学与文学不然。何则？科学之事业，皆直接、间接以厚生利用为旨，故未有与政治及社会上之兴味相剌谬者也。至一新世界观与新人生观出，则往往与政治及社会上之兴味不能相容。若哲学家而以政治及社会之兴味为兴味，而不顾真理之如何，则又决非真正之哲学。以欧洲中世哲学之以辩护宗教为务者，所

---

* 该文原载于《教育世界》第139号，1906年12月。

004

以蒙极大之污辱，而叔本华所以痛斥德意志大学
之哲学者也。文学亦然。铺缀的文学，决非真正
之文学也。

二

文学者，游戏的事业也。人之势力用于生存竞
争而有余，于是发而为游戏。婉奕之儿，有父母以
衣食之，以卵翼之，无所谓争存之事也。其势力无
所发泄，于是作种种之游戏。逮争存之事亟，而游
戏之道息矣。唯精神上之势力独优，而又不必以生
事为急者，然后终身得保其游戏之性质。而成人以
后，又不能以小儿之游戏为满足，于是对其自己之
感情及所观察之事物而摹写之，咏叹之，以发泄所
储蓄之势力。故民族文化之发达，非达一定之程
度，则不能有文学；而个人之汲汲于争存者，决无
文学家之资格也。

三

人亦有言：名者利之宾也。故文绣的文学之不足为真文学也，与铺缀的文学同。古代文学之所以有不朽之价值者，岂不以无名之见者存乎？至文学之名起，于是有因之以为名者，而真正文学乃复托于不重于世之文体以自见。逮此体流行之后，则又为虚玄矣。故模仿之文学，是文绣的文学与铺缀的文学之记号也。

四

文学中有二原质焉：曰景，曰情。前者以描写自然及人生之事实为主，后者则吾人对此种事实之精神的态度也。故前者客观的，后者主观的也；前者知识的，后者感情的也。自一方面言之，则必吾人之胸中洞然无物，而后其观物也深，而其体物也切；即客观的知识，实与主观的感情为反比例。自他方面言之，则激烈之感情，亦得为直观之对象、文学之材料；而观物与其描写之也，亦有无限之快乐伴之。要之，文学者，不外知识与感情交代之结果而已。苟无锐敏之知识与深邃之感情者，不足与于文学之事。此其所以但为天才游戏之事业，而不能以他道劝者也。

五

古今之成大事业、大学问者，不可不历三种之阶级："昨夜西风凋碧树，独上高楼，望尽天涯路。"（晏同叔《蝶恋花》）此第一阶级也。"衣带渐宽终不悔，为伊消得人憔悴。"（欧阳永叔①《蝶恋花》）此第二阶级也。"众里寻他千百度，回头蓦

---

① 应为柳永。

见，那人正在灯火阑珊处。"（辛幼安《青玉案》）
此第三阶级也。未有不阅第一、第二阶级，而能遽
跻第三阶级者。文学亦然。此有文学上之天才者，
所以又需莫大之修养也。

……

章炳麟《常识与教育》导读

　　章炳麟（号太炎）学问渊博精审，思想繁复深邃，成就影响广大深远，被他的弟子朱希祖、钱玄同、沈兼士、黄子通等人誉为"革命元勋""国学泰斗"。他以文字学为基点，校订经书、史籍和诸子百家之论，考究地理、天文历法、音律和典章制度，在对中国传统学术的深刻理解和精深研究方面，可以说近代学术界无人能出其右。

　　该文选自《章太炎的白话文》一书。《章太炎的白话文》初版于 1921 年，由上海泰东图书局出版，收录了章太炎于 1907—1910 年流亡日本期间为留学生所作七次白话演讲整理稿（其中误将钱玄同的《中国文字略说》收入）。出版者张静庐以"吴齐仁"之名撰有《编者短言》，称其中"篇数虽少，差不多把求中国学问的门径，与修身立世之道，网罗无遗，读之既增知识，又可以培养道德"，"以极浅显的白话，说最精透的学理，可以作白话文的模范"。

该书在一年内曾连印三版，可见其受欢迎程度。但该书也曾引起学界争议，被章太炎的弟子钱玄同指为"伪书"。该书也未被章太炎本人看重，甚至未被收入《章氏丛书》及续编和《太炎先生著述目录初稿》。此外，因该书所收《中国文字略说》一文并非出于章太炎，而是钱玄同所作，致使该书曾在相当长时间内竟被错归在钱玄同名下。至1972年台北的艺文印书馆重印该书，它始引起众人关注。

2001年该书被列入"新世纪万有文库"，陈子善先生撰写了《本书说明》，指出该书虽然无法在章太炎艰深繁富的学术论著中占据重要地位，但它别具一格，并且章太炎在其中对至今人们仍在关注的教育、留学、中国文字和文化典籍等问题发表了很多精到而有趣的见解。

常识与教育 *

章炳麟

现在有许多人说：教育的第一步，就是使人有常识。我说这句话是最不错！只可惜他们并不晓得什么是常识。

原来精深的学问，本来有两路：一路是晓得了可以有用的；一路是晓得了虽没有用，但是应该晓得的。譬如天上的北斗星，我识得了也无益，我不识得也无损；又像甲子乙丑这种名目，排得下也没有利，排不下，像元朝的诏令，称子年作鼠儿年，

★　该文选自《章太炎的白话文》一书。《章太炎的白话文》初版于 1921 年，泰东图书局出版。

称午年作马儿年，也没有害；这个就叫晓得了没有用。但虽是没有用，毕竟应该晓得；若不晓得，就算常识不完全。这是第二路是晓得了可以有用，看来总是应该晓得的，但也不能一定；因为事业是各人不同，作这一项事业的人，晓得了这件事就有用，作那一项事业的人，晓得了这件却没用，也有这一项人，晓得这一件事，到这一步田地，觉得常识已经有了；那一项人，晓得这一件事，到这一步田地，也有这种差别。所以常识也难得定准。且看中国古来，大概分人作士、农、工、商四项。这四件名目，原是管仲分出来的。和《周礼》也不同，和近日也不很同。管仲所说的士，只是预备作官作书办的材料，今日却是各种读书的人，都叫作士；其余农工商大概相同。但《周礼》分人为九职，农人以外，要加上二项：一项是种菜种果的人，就叫作园圃；一项是培养木材柴薪的人，就叫作虞衡。这两项人，便统统叫作农人，也过得去，不过事业到底不同。还有一项，专作畜牧的人，叫作薮牧。

更有一项，专作纺绩织纴的人，叫作嫔妇。这两项
人，应该特别归一类的。其余工人商人，古今所
同。此外《周礼》所说的臣妾，就是奴婢，这一项
人，近来是渐渐少了。至于预备作官作书办的人，
和各种读书的人，依《周礼》看来，不过是一种闲
民。大概士、农、工、商、薮牧、嫔妇六种，可以
概全国的人了。在这六种中间，又还有各项分别，
所以各项人所要的常识，也就不同；譬如士人不识
得五谷的很多，农人却多识得；如果农人不识得五
谷，就算不得农人。一国中间，原是农人最多，农
人的种类，又没有工人商人的繁，似乎农人所晓
得的，别人也该个个晓得；那里知道分别五谷的常
识，除了农人，只有米商药商还略略备些，其余却
多没有。这个也怪不得，就识得五谷，于他的事业
上，没有用处，所以就不去理会。但是有句通融的
话，不识得它的实，总须晓得它的名，就像五谷是
那五项？本来正名是什么？现在通名是什么？晓得
了这一点儿，就看见五谷的实形，不能分别，也就

罢了！那里知道连这五项名目都不晓得的，还是尽多。这个真要算常识不备了。至于工人商人，种类是非常的多，自然这项工人，不晓得那项的手法；这项商人，不晓得那项的货物；本来不晓得也无害。却有一种人说，不晓得极深的算学，并不算常识不备，加减乘开方都不懂得，就要算常识不备了。我说这句话颇不对，仿佛寻常买卖的商人，只要晓得加减乘除四率比例，也就够用，连开方法，也用不着。至于做工人的，像木匠石匠一流，就只晓得开方法，还不够用，到底少广勾股必要晓得。固然现在的木匠石匠，不是真正明白，但指着一件木器、石器问他，这边竖的是几数，这边横的是几数，你说那条斜弦应该几数，他对出来的，总没有什么大差。就因为这个法子，他必定要晓得的。若不晓得，合不成一个器皿，造不成一架房屋，岂不是商人可以不晓得的，工人却必须晓得么？大凡一国中间少数人，特晓得的，可以说不是常识，木匠石匠并不是一国中少数的人，难道算术的常识，就到开方止么？

　　不过寻常教育的话，差不多是为闲民说法，所以说得地步极浅，但我看了也有几分不对。且看通常的读书人，和打卦行医的人，一样是闲民，本来差不多略读经典，除出经典以外，别的书原是各人各读。但这经典里头，通常的读书人，应该比打卦、行医的人，识得多一点儿。那里知道，《易经》里面各宫的卦，有一世、二世、三世、四世、五世、游魂、归魄的名目，打卦的人都晓得，通常读书人倒不能都晓得；《尔雅》里头说的月名，行医的都晓得，通常读书人倒不能都晓得。假如说打卦人记得各宫的卦，是因他的职业上不得不用，那么医生晓得月名于他的职业有什么相关？难道写了正月为陬二月为如，药方就处得好，不写药方就处得坏么？这种本来是经典里头最明白的常识，通常读书人倒不知，打卦行医的人倒知。这样看来，通常读书人的经典常识，反比不上打卦行医的人，这就不能用职业的话去推诿了。

现在也不要和打卦行医的人比较，且说古人的教育法，不过是礼、乐、射、御、书、数，六种。到孔子以后，历史、地理、哲学、政治各项，都渐渐起来，射、御两种，近来用处固然是少。乐呢，大概少理会得的。但历代政府都还有太乐，就是民间用的乐器，也还不少！俗乐、雅乐，虽是不同，但是调子可以相转。洞箫、长笛，到底雅俗没有大差。也不该把今日的乐，统统忘了。不过不甚要紧就是。礼的古今雅俗不同，比乐的古今雅俗不同，差数更大。但现在也有常行的礼，丧服一项，和古礼不同的，不过十分之三。其余古礼太烦重的，近来原不能行得去，不过独呼名号，却是要紧，断不可随俗乱写。所以礼比乐是要紧一点。惟有书数两项，是一切学问的根本，论致用呢，致用也最广；论求是呢，求是也最真。书就一向唤作小学，数就一向唤作算学（本来汉朝也唤小学）。小学从宋朝以后，渐渐的衰落，到明朝就全没有。算学却到宋末反好起来，近来二百年间，小学算学，是同时长进的。却是近二十年来有算学知识的，比有小学知识的反多。要两项双提起来，也还不难。最可笑的是那一班讲政治的人，小学算学都不懂，对着算学，因为外国人原是精的，还不敢菲薄；对着小学，自己不学，还要加意的诽谤。总之，讲政治的人，常识实是不备，也不必多说了。讲了政治呢，法理学、政治学的空言，多少记一点儿。倒是中国历代的政治，约略有几项大变迁，反不能说。这还算是久远的事情，只问现在的政治，几种的款目？几种款目中间，真正的利弊在那里？又说不出来。看来他们所说的政治法理，像一条钱串绳子，只得一条绳了，并没有一个钱可穿。没有钱，只有绳子也罢了。又不预先想想，钱孔有多少大！这条绳子穿得进穿不进？钱有多少重？这条绳子会顿断不会顿断？就是钱都备了，这条绳子，还未见用得着，只好在没钱的时候，用这条空绳子，盘弄盘弄就是。政治本来不是最深的学问，还不能说，他的常识在那里呢！

再说历史，历史本来是方格的，不是圆扁的，自然晓得本国的历史，才算常识，不晓得本国的历史，就晓得别国的历史，总是常识不备。但近来人把拿破仑、华盛顿都举得出来了，李斯、范增倒反有举不出的。这种原是最下等的人，高一点儿的呢，晓得欧洲诗人文豪的名字，却不晓得中国汉朝，是着怎么样的衣冠，这还算有历史的常识么？再说地理个个人都晓得五大洲的名，和欧洲美洲各国的名了，倒问中国各省，湖南、湖北，本来不到两广的地面，为什么两湖总督，称为湖广总督呢？江西省只在江南，为什么为江西呢？却是不能对的尽多！这还算有地理的常识么？哲学本来不必个个都晓得，只问倍 [培] 根、笛伕 [卡] 尔，你都晓得了，近代中国讲理学的，那几位算成就？梭格拉地 [苏格拉底]、柏拉图，你都晓得了，中国战国时候的九流，你也数一数看。若说得不对，就算没有常识了。所以我曾经对着好讲常识的人，发几条策问：

先问：老兄有经典常识么？说：有！那么就问：

《周礼》说的吉凶宾军嘉五礼，能把《仪礼》十七篇去分配么？

现在《尚书》五十八篇，那几篇是真？那几篇是假？

《周礼》的六官，和近代的六部，怎么样的不同？

《春秋》的三传，那一家的传最先成？那一家的在第二次？那一家的在第三次？

郑司农是什么人？

再问：老兄有历史的常识么？说：有！那么就问：

《二十四史》，那几部有《本纪》？有《表》？有《志》？那几部没有《本纪》？那几部没有《表》？那几部没有《志》？

欧洲人在什么时候初通中国？

从秦朝到现在，那一代有丞相？那一代没丞相？

从秦朝以后,那几代郡县都有学校?那几代没有?

古来所说的井田法,到什么时候真正废了?

再问:老兄有地理的常识么?说:有!那么就问:

汉朝有郡县的地方,比现在中国本部大小广狭怎么样子?

中国现在的人口,照本部地面分起来,一个人该有几亩田?

苗人真是上古的三苗么?

中国各省,为什么大小不同到这个样子?

再问:老兄有清代政治的常识么?说:有!那么就问:

清初设大学士的衙门有几个?

清初有几个布政使?

制币本来只有铜钱,为什么赋税反用银子计算?

正税是那几件?

从九品未入流的俸银，为什么比兵反少？

再问：老兄有礼俗的常识么？说：有！那么就问：

独子兼祧的制度，从什么时候起来？到底合不合呢？

生母的父母兄弟，儿子都不认作外亲，照法律应该怎么样？

什么时候才有偶像？

什么时候才有砂糖？

什么时候才有桌子椅子？

上边问的几件，原是最平淡的常识，并不像从前考博学宏词，出"五六天地之中合"的题目。现在考留学生，出"汉之尧舜禹汤"的题目，去难那班《汉书》不熟的人，那种就不晓得，也不好十分责备。这种却是不同。若去翻书，也容易对得出，不过既然唤作常识，应该当面问了，当面对得出来，如果当面对不出来，就算常识缺乏。所问的不过随便撷拾几件，也并不是就止于此。诸如此类，大概有几百条。这种本来是士人应该晓得的。那些农人、工人、商人所应该晓得的，尽有在这几件以外，不过这几件，农人工人商人例不必一概晓得，所以说常识也看职业去分。若说农人工人商人所不必晓得的，就不是常识，士人也可以不必晓得，那就应该问他：农人工人商人所晓得的，你也能够晓得么？既然不晓得那几件，自然要晓得这几件，岂可以再少呢！本来士人原是闲民，闲民既然没有事，有空儿去求知识，知识本来该比农人工人商人富一点。但现在也不过一有一无。照这样看来，就最下级的常识，也是无边，难得理会许多，不是分明为职业所限么？不过职业里头所应该晓得的，万不能少。就职业论常识，说得广了，又是无边。所以我说：这要本国人有本国的常识，就是界限。

古人说的"切问近思"这句话最不错！有了这种常识，好广的再求广，好精的再求精，那是渐渐的远去，渐渐的上去了。若是不然，专好精的，或者弊病还少；专好广的，就是全然空虚。譬如一滴的水，吹成一个大泡，外面看来虽大，中间纯然没有，那个弊病就很多哩！

大概常识，总是从书数起，后来再晓得一点历史。这就是不得不过的关。书并不是要真成就小学家，数并不是要真成就算学家，历史并不是要真成就史学家，不过晓得大概。现在的教科书，只有算学还像样，历史真是太陋。（只有夏曾佑所作中学历史教科书，比别人不同，可惜他所发明的，只有宗教最多，其余略略讲一点儿学术，至于典章制度，全然不说，地理也不分明，是他的大缺陷。但近来的教科书；这样也算好了。）小学更是全然不讲，到底总是个空架子，有一班胡乱的人，乱扯几句佛经的话，说"离绝语言文字"，我说果然能够离绝语言，自然可以离绝文字。只问现在能够离绝语言么？况且离绝语言文字，就该把一切书都不读，为什么还去读别的书？佛经的话，本是说到最高一层，不是可以随便扯来当通俗用。就像庄子说的:"得鱼忘筌,得兔忘蹄",原是说得了鱼兔以后,可以不用筌蹄,并不说不用筌蹄,可以得到鱼兔。鱼兔既得到了,不要第二回再求鱼兔,筌蹄固然可弃了;若第二回还要求鱼兔,仍旧不得不用这个筌蹄。语言文字,也是这样看:第一回用语言文字去表意见,意见已经明白,固然可以不再加语言文字。但人的一生,意见尽有尽的一日,第二回还是要表意见,仍还要用着这个语言文字。要用语言文字去表意见,这个语言文字就不能不讲究,也像要用筌蹄去求鱼兔,这个筌蹄就不能不造得精巧。现在第一总要把六书懂得,明了本义本形,再讲音韵;懂得音韵,假借的道理就明白。那么才得不写别字,不说乱话。孔子说的:"必也正名乎!"什么叫正名?古人唤字作名,正名就是讲究六书,也只把近人所注的《说文》《尔雅》《方言》《广雅》,和几部讲古韵的书看看,就有眉目。若要编作课本,也是不难。书数通了,就要讲历史。历史原是繁博的东西,简约的说起来,也有头绪。看历史不是只要记得秦朝汉朝的名号，也不是只要记得出名的帝王出名的将相。纪传本是以人为主，评量人物，虽不可少，但人物有各种各色，若专去仰慕英雄，就鄙卑的极了。大概历史中间最要的几件，第一是制度的变迁；第二是形势的变迁；第三是生计的变迁；第四是礼俗的变迁；第五是学术的变迁；第六是文辞的变迁；都在志和杂传里头。（什么叫做杂传？像《游侠列传》《货殖列传》《滑稽列传》《儒林列传》《文苑列传》《方术列传》《逸民列传》，都叫作杂传；但最出色的人，又格外有传。）把这几件为纬，历年事迹为经，就不怕纷无头绪。只是编起教科书来，经不过占了四分之一，纬倒要占了四分之三。本来历史最重的是书志，现在也该照这条路编去；此外姓氏有汉姓虏姓的不同，律历也有各代的差异，这种要专家才得理会。初学也没有心思去记它，只得将就说说罢了。我看算学近来颇明，只六书和历史，并没有教科书（历史教科书就有也不能算），自然难怪学生常识不备啊！

临了再说一句要紧话：常识不是古今如一，后来人的常识，应该胜过古人，但要求一代一代的人，常识辗转增进，就不可使全国只有常识的人，必要有几十个独到精微的学者，想成一种精致的理，平易透露的说出来。在自己想的非常难，叫后生学的非常易，那么常识就可以辗转增进了。也不举远的为说，就举书、数、历史三项，你看宋朝到明朝〔近〕七百年间，韵是非常模糊，今韵尚且难得理会，何况古韵？至于文字训诂，也都衰弊到极处。后来有顾炎武作《音学五书》，段玉裁注《说文解字》，当时两位先生都费几十年的的功夫，才得作成。到近来顾氏、段氏的话，就变为常识了。《九章》所说的圆率，径一周三，非常粗疏，后来汉朝的刘歆、张衡、三国的刘徽、王蕃都去自立密率，总有点儿不对。及到宋朝（上接晋朝的宋朝，不是下接元朝的宋朝），祖冲之才有一定的圆率，九章里面，本有盈朒方程两法，可以驭得错杂隐没的数，但布算非常繁碎。及到元初有李冶、朱世杰几家，想出天元四元的法子来，布算也就简易。当初几位先生，不晓得耗多少心血，费多少年月，才想得这种法子出来。到近来祖氏圆率，万国通行，李氏朱氏的天元四元，传到印度以西，演为代数，也就变常识了。向来正史是纪传体，要晓得事迹先后，一时却不容易及到宋朝（下接元朝的宋朝）。司马光撰成一部《资治通鉴》，不但年月的先后，看了了然，就是日子的先后，也都明白。向来正史虽有书志，也往往有不备的，就是有书志的史还不能记得周详，及到唐朝杜佑，再取各数典的书，编成一部《通典》，把前代的典章制度，统统明白。当时两位先生，也是寝食俱废，才得作成这书。到近来就像按图索骥的容易，也变为常识了。这样说常识到这步田地就了么？也还不了！且看诸家以后，补他的罅漏的也还多。再创一种精密的条例的也还有，所以说必要有几十个独到精微的学者，才得使后生的常识辗转增进；若全国只有常识的人，古今就永远只有这等的常识，岂不是壅滞不流的样子么？但胡乱自命政治家的人，自己不肯去作费心的事体，也不愿别人去作费心的事体，仔细想想看，成就一个政治家，比成就一个围棋国手，那个能力差得很远；为什么原故呢？向来说："君子求诸己"，又说道："仁者先难而后获"，围棋国手，是求诸己的，政治家却是因人成事；围棋国手，是先难后获的，政治家却是坐享现成；就有几个削平大难开倡法度的，要用一点自己的智力，但总是看机会成事，到底比不上围棋国手。作学者譬如作围棋国手，教人增进常识，譬如刻棋谱给人看，与政治家的法子全然不同。就政治上看来，就常识永远没得增进，也是不大要紧。不过全国的大计，本不是专靠政治，现在讲教育的话，须要把那种短见陋想打开。我这两句话，诸位朋友都要记在心里：没有独到精微的学者，就没有增进的常识；没有极好的著作，就没有像样的教科书。

王国维《〈国学丛刊〉序》导读

　　王国维是近代文学革命的先驱，我国新史学的开山人物。陈寅恪在《王静安先生遗书序》中称王国维的著作"足以转移一时之风气，而示来者以轨则"。

　　罗振玉、王国维曾于1911年2月创办《国学丛刊》，二人分别作序，皆名为《〈国学丛刊〉序》，该文即是王国维1911年所作序言，被收入《观堂别集》卷四，后被收入《王国维遗书》。《国学丛刊》虽名为刊，实为不定期连续刊行之书，主要收录王国维、罗振玉的著作。罗振玉在《〈国学丛刊〉序》称："岁成六编，区以八目，曰经，曰史，曰小学，曰地理，曰金石，曰文学，曰目录，曰杂识。"1911年辛亥革命爆发后，王国维随罗振玉流亡日本，《国学丛刊》停办。至 1914 年春，《国学丛刊》继续刊行。王国维倡导以西格中，会通融合中西文化，养成问题意识，以西学的方法论治国学。该文即明确指出《国学丛刊》虽以中学为主，但学其实并无新旧、中西、有用无用之别。

《国学丛刊》序 *

王国维

学之义不明于天下久矣！今之言学者，有新旧之争，有中西之争，有有用之学与无用之学之争。余正告天下曰：学无新旧也，无中西也，无有用无用也。凡立此名者，均不学之徒，即学焉而未尝知学者也。

学之义广矣。古人所谓学，兼知行言之。今专以知言，则学有三大类，曰：科学也，史学也，文学也。凡记述事物而求其原因、定其理法者，

---

* 该文作于 1911 年 2 月，原载于《国学丛刊》，后收入《观堂别集》卷四。

谓之科学；求事物变迁之迹而明其因果者，谓之史学；至出入二者间而兼有玩物适情之效者，谓之文学。然各科学有各科学之沿革，而史学又有史学之科学（如刘知几《史通》之类），若夫文学，则有文学之学（如《文心雕龙》之类）焉，有文学之史（如各史《文苑传》）焉。而科学、史学之杰作，亦即文学之杰作。故三者非斠然有疆界，而学术之蕃变，书籍之浩瀚，得以此三者括之焉。凡事物必尽其真，而道理必求其是，此科学之所有事也；而欲求知识之真与道理之是者，不可不知事物道理之所以存在之由与其变迁之故，此史学之所有事也；若夫知识道理之不能表以议论而但可表以情感者，与夫不能求诸实地而但可求诸想象者，此则文学之所有事。古今东西之为学，均不能出此三者。惟一国之民，性质有所毗，境遇有所限，故或长于此学而短于彼学；承学之子，资力有偏颇，岁月有涯涘，故不能不主此学而从彼学；且于一学之中，又择其一部而从事焉。此不独治一学当如是，自学问之性质言之，亦固宜然。然为一学，无不有待于一切他学，亦无不有造于一切他学。故是丹而非素，主入而奴出，昔之学者或有之，今日之真知学、真为学者，可信其无是也。

夫然，故吾所谓学无新旧、无中西、无有用无用之说，可得而详焉。何以言学无新旧也？夫天下之事物，自科学上观之，与自史学上观之，其立论各不同。自科学上观之，则事物必尽其真，而道理必求其是。凡吾智之不能通，而吾心之所不能安者，虽圣贤言之，有所不信焉；虽圣贤行之，有所不慊焉。何则？圣贤所以别真伪也，真伪非由圣贤出也；所以明是非也，是非非由圣贤立也。自史学上观之，则不独事理之真与是者足资研究而已，即今日所视为不真之学说，不是之制度风俗，必有所以成立之由与其所以适于一时之故。其因存于邃古，而其果及于方来，故材料之足资参考者，虽至纤悉，不敢弃焉。故物理学之历史，谬说居其半焉；哲学之历史，空想居其半焉；制度风俗之历史，弁髦居其半焉，而史学家弗弃也。此二学之异也。然治科学者，必有待于史学上之材料；而治史学者，亦不可无科学上之知识。今之君子，非一切蔑古，即一切尚古。蔑古者出于科学上之见地，而不知有史学；尚古者出于史学上之见地，而不知有科学；即为调停之说者，亦未能知取舍之所以然。此所以有古今新旧之说也。

何以言学无中西也？世界学问不出科学、史学、文学。故中国之学，西国类皆有之；西国之学，我国亦类皆有之，所异者，广狭疏密耳。即从俗说，而姑存中学、西学之名，则夫虑西学之盛之妨中学，与虑中学之盛之妨西学者，均不根之说也。中国今日实无学之患，而非中学、西学偏重之患。京师号学问渊薮，而通达诚笃之旧学家，屈十指以计之，不能满也；其治西学者，不过为羔雁禽犊之资，其能贯串精博、终身以之如旧学家者，更难举其一二。风会否塞，习尚荒落，非一日矣。余

王国维《〈国学丛刊〉序》

谓中西二学，盛则俱盛，衰则俱衰；风气既开，互相推助。且居今日之世，讲今日之学，未有西学不兴而中学能兴者；亦未有中学不兴而西学能兴者。特余所谓中学，非世之君子所谓中学；所谓西学，非今日学校所授之西学而已。治《毛诗》《尔雅》者，不能不通天文、博物诸学；而治博物学者，苟质以《诗》《骚》草木之名状而不知焉，则于此学固未为善。必如西人之推算日食，证梁虞㤞、唐一行之说，以明《竹书纪年》之非伪；由《大唐西域记》，以发见释迦之支墓，斯为得矣。故一学既兴，他学自从之，此由学问之事，本无中西。彼鳃鳃焉虑二者之不能并立者，真不知世间有学问事者矣！

故新旧、中西之争，世之通人率知其不然，惟有用无用之论，则比前二说为有力。余谓凡学皆无用也，皆有用也。欧洲近世农工商业之进步，固由于物理、化学之兴。然物理、化学高深普遍之部，与蒸气、电信有何关系乎？动植物之学，所关于树艺、畜牧者几何？天文之学，所关于航海、授时者几何？心理、社会之学，其得应用于政治、教育者亦鲜。以科学而犹若是，而况于史学、文学乎？然自他面言之，则一切艺术悉由一切学问出，古人所谓"不学无术"，非虚语也。夫天下之事物，非由全不足以知曲，非致曲不足以知全。虽一物之解释、一事之决断，非深知宇宙人生之真相者，不能为也；而欲知宇宙人生者，虽宇宙中之一现象，历史上之一事实，亦未始无所贡献。故深湛幽渺之思，学者有所不避焉；迂远繁琐之讥，学者有所不辞焉。事物无大小，无远近，苟思之得其真，纪之得其实，极其会归，皆有裨于人类之生存福祉。已不竟其绪，他人当能竟之；今不获其用，后世当能用之。此非苟且玩愒之徒所与知也。学问之所以为古今中西所崇敬者，实由于此。凡生民之先觉，政治教育之指导，利用厚生之渊源，胥由此出，非徒一国之名誉与光辉而已。世之君子，可谓知有用之用，而不知无用之用者矣。

　　以上三说，其理至浅，其事至明。此在他国所不必言，而世之君子犹或疑之，不意至今日而犹使余为此哓哓也。适同人将刊行国学杂志，敢以此言序其嵩。此志之刊，虽以中学为主，然不敢蹈世人之争论。此则同人所自信，而亦不能不自白于天下者也。

任鸿隽《何为科学家》导读

任鸿隽是我国近代科学的奠基人之一。他自幼喜好诗文，1908年东渡日本留学，与钱玄同、沈士远等人一起就教于章太炎，并加入孙中山领导的同盟会，考入东京高等工业学校应用化学预科研习制造炸药。1911年辛亥革命爆发后，他立即回国在总统府秘书处工作。1912年底他再次留学美国，先后在康奈尔大学、麻省理工学院、哈佛大学、哥伦比亚大学攻读化学等科目。他信奉科学救国，一生致力于建设与推进科学。1915年他在美国领导创办了《科学》杂志，成立了中国科学社，这是20世纪前半期在中国影响最大、覆盖面最广、参加人数最多的科学团体。中国科学社的社徽是左书"格物致知"，体现"求真"；右书"利用厚生"，体现"致用"。1918年10月他回到上海后，在各大报刊发表文章，在科学社年会和通俗科学演讲会上作报告，坚持科学与人文并重的思想，大力推动科学普及、科学教育和科学组织。

该文原是任鸿隽在上海寰球学生会的演说，梳理了人们对科学的认知，指出科学是学问而非艺术、科学是事实而非文字，科学家是以讲事实学问以发明未知之理为目的的人，并探讨了科学家养成之方法，有助于我们端正治学的态度。

何为科学家 *

任鸿隽

我同了几位朋友，从美国回到上海的第二天，就看见了几家报纸，在本埠新闻栏中，大书特书的道，"科学家回沪"。我看了这个题目，就非常的惶惑起来。你道为什么缘故呢？因为我离中国久了，不晓得我们国人的思想学问，造到了什么程度。这"科学家"三个字，若是认真说起来，我是不敢当的；若是照旁的意思讲起来，我是不愿意承受的，所以我今天倒得同大家讲讲。

我所说的旁的意思，大约有三种。一种是说科

---

* 该文原载于《新青年》第 6 卷第 3 号，1919 年 3 月。

学这东西，是一种玩把戏，变戏法，无中可以生有，不可能的变为可能，讲起来是五花八门，但是于我们生活上面，是没有关系的。有的说，你们天天讲空气是生活上一刻不可少的，为什么我没看见什么空气，也活了这么大年纪呢？有的说，用了机械，就会起机心；我们还是抱瓮灌园，何必去用桔槔呢？有的说，用化学精制过的盐和糖，倒没有那未经精制过的咸甜得有味。有的说"不干不净，吃了不生毛病"，何必讲求什么给水工程，考验水中的微生物呢？总而言之，这种见解，看得科学既是神秘莫测，又是了无实用；所以他们也就用了一个"敬鬼神而远之"的态度；拿来当把戏看还可以，要当一件正经事体去做，就怕有点不稳当。这种人心中的科学，既是如此；他们心中的科学家，也就和上海新世界的卓柏林〔别麟〕，北京新世界的左天胜差不多。这种科学家，我们自然是没有本领敢冒充的。

第二种是说科学这个东西，是一个文章上的特别题目，没有什么实际作用。这话说来也有来历。诸君年长一点的，大约还记得科举时代，我们全国的读书人，一天埋头用功的，就是那"代圣贤立言"的八股。那时候我们所用的书，自然是那《四书味根录》《五经备旨》等等了。过了几年，八股废了，改为考试策论经义。于是我们所用的书，除了四书五经之外，再添上几部《通鉴辑览》《三通考辑要》和《西学大成》《时务通考》等。那能使用《西学大成》《时务通考》中间的事实或字句的，不是叫做"讲实学、通时务"吗？那《西学大成》《时务通考》里面，不是也讲得有重学、力学以及声、光、电、化种种学问吗？现在科学家所讲的，还是重学、力学以及声、光、电、化等玩意——只少了四书五经、《通鉴》《三通》等书。所以他们想想，二五还是一十，你们讲科学的，就和从前讲实学的是一样，不过做起文章来，拿那化学、物理中的名词公式，去代那子曰、诗云、张良、韩信等字眼罢了。这种人的意思，是把科学家仍旧当成一种文章〔学〕家，只会抄后改袭，就不会发明；只会拿笔，就不会拿试验管。这是他们由历史传下来的一种误会，我们自然也是不能承认的。

第三种是说科学这个东西，就是物质主义，就是功利主义。所以要讲究兴实业的，不可不讲求科学。你看现在的大实业，如轮船、铁路、电车、电灯、电报、电话、机械制造、化学工业，哪一样不靠科学呢？要讲究强兵的，也不可不讲求科学，你看军事上用的大炮、毒气、潜水艇、飞行机，哪一样不是科学发明的？但是这物质主义、功利主义太发达了，也有点不好。如像我们乘用的代步，到了摩托车，可比人力车快上十倍，好上十倍了。但是"这摩托车不过供给那些总长督军们出来，在大街上耀武扬威，横冲直撞罢了，真正能够享受他们的好处的，有几个呢？所以这物质的进步，到了现在，简直要停止一停止才是"。再说"那科学的发达，和那武器的完备，如现在的德国，可谓登峰造极了；但是终不免于一败。所以那功利主义，也不可过于发达。现在德国的失败，就是科学要倒霉的朕兆"。照这种人的意思，科学既是物质功利主义，那科学家也不过是一种贪财好利，争权狗名的人物。这种见解的错处，是由于但看见科学的末流，不曾看见科学的根源；但看见科学的应用，不曾看见科学的本体。他们看见的科学既错了，自然他们意想的科学家，也是没有不错的。

现在我们要晓得科学家是个什么人物，须先晓得科学是个什么东西。

第一，我们要晓得科学是学问，不是一种艺术。这学术两个字，今人拿来混用，其实是有分别的。古人云，"不学无术"，可见学是根本，术是学的应用。我们中国人，听惯了那"形而上""形而下"的话头，只说外国人晓得的，都是一点艺术，我们虽然形下的艺术赶不上他们，这形而上的学问是我们独有的，未尝不可抗衡西方，毫无愧色。我现在要大家看清楚的，就是我们所谓形下的艺术，都是科学的应用，并非科学的本体；科学的本体，还是和那形上的学同出一源的。这个话我不详细解释解释，诸君大约还有一点不大明白。诸君晓得哲学上有个大问题，就是我们人类的知识，是从什么地方得来的？对于这个问题，各哲学家的见解不同，所以他们的学派就指不胜屈了。其中有两派绝对不相容的，一个是理性派。这派人说，我们的知识，全是由心中的推理力得来，譬如那算术和几何，都是由心里生出来的条理，但是他们的公理定例皆是正确切实，可以说是亘古不变的。至于靠耳目五官来求知识，那就有些靠不住了。例如我们看见的电影，居然是人物风景，活动如生，其实还是一张一张的像片在那里递换。又如在山前放一个炮仗，我们就听得一阵雷声，其实还是那个炮仗的回响。所以要靠耳目五官去求真知识，就每每被他们骗了。还有一个是实验派。这派人的主张说，天地间有两种学问：一种是推理得出的，一种是推理不出的。譬如上面所说算术和几何，是推理得出的。设如我们要晓得水热到一百度，是个什么情形；冷到零度，又是个什么情形，那就凭你什么天纵之圣，也推理不出来了。要得这种知识，只有一个法子：就是把水拿来实实在在的热到了一百度，或冷到零度，举眼一看，就立见分晓。所以这实验派的人的主张，要讲求自然界的道理，非从实验入手不行。这种从实验入手的办法，就是科学的起点。(算学几何也是科学的一部分，但是若无实验学派，断无现今的科学。) 我现在讲的是科学，却把哲学的派别叙了一大篇，意思是要大家晓得这理性派的主张，就成了现今的玄学，或形上学（玄学也是哲学的一部分）。实验派的主张，就成了现今的科学。他们两个正如两兄弟，虽然形象不同，却是同出一父。现在硬要把大哥叫做"形而上的"，把小弟叫做"形而下的"；意存轻重，显生分别；在一家里，就要起阋墙之争，在学术上，就不免偏枯之虑。所以我要大家注意这一点，不要把科学看得太轻太易了。

第二，我们要晓得科学的本质，是事实不是文字。这个话看似平常，实在非常重要。有人说，近世文明的特点，就是这事实之学，战胜文字之学。据我看来，我们东方的文化，所以不及西方的所在，也是因为一个在文字上做工夫，一个在事实上做工夫的缘故。诸君想想，我们旧时的学者，从少至老，哪一天不是在故纸堆中讨生活呢？小的时候，读那四书五经子史古文等书，不消说了。就是到了那学有心得，闭户著书的时候，也不过把古人的书来重新解释一遍，或把古人的解释来重新解释一遍；倒过去一桶水，倒过来一桶水，倒过去倒过来，终是那一桶水，何尝有一点新物质加进去呢？既没有新物质加进去，请问这学术的进步从何处得来？这科学所研究的，既是自然界的现象，他们就有两个大前提。第一，他们以为自然界的现象是无穷的，天地间的真理也是无穷的，所以只管拼命的向前去钻研，发明那未发明的事实与秘藏。第二，他们所注意的是未发明的事实，自然不仅仅读古人书，知道古人的发明，便以为满足。所以他们的工夫，都由研究文字，移到研究事实上去了。唯其要研究事实，所以科学家要讲究观察和实验，要成年累月的，在那天文台上、农田里边、轰声震耳的机械工场和那奇臭扑鼻的化学试验室里面做工夫。那惊天动地，使现今的世界，非复三百年前的世界的各样大发明，也是由研究事实这几个字生出来的。就是我们现在办学校的，也得设几个试验室，买点物理化学的仪器，才算得一个近世的学校。要是专靠文字，就可以算科学，我们只要买几本书就够了，又何必费许多事呢？

讲了这两层，我们可以晓得科学大概是个什么东西了。晓得科学是个什么东西，我们可以晓得科学家是个什么人物。照上面的话讲起来，我们可以说，科学家是个讲事实学问以发明未知之理为目的的人。有了这个定义，那前面所说的三种误会，可以不烦言而解了。但是对于第三种说科学就是实业的，我还有几句话说。科学与实业虽然不是一物，却实在有相倚的关系。如像法勒第发明电磁关系的道理，爱迪生就用电来点灯；瓦特完成蒸汽机关，史荻芬生就用来作火车头。我们现在承认法勒第、瓦特是科学家，也一样承认爱迪生、史荻芬生是科学家。但是没有法勒第、瓦特两个科学家，能有爱迪生、史荻芬生这两个科学家与否，还是一个问题。而且要是人人都从应用上去着想，科学就不会有发达的希望，所以我们不要买椟还珠，因为崇拜实业就把科学家搁在脑后了。

现在大家可以明白科学家是个什么样的人物了。但是这科学家如何养成的？这个问题也很重要，不可不向大家说说。我们晓得学文学的，未做文章以前，须要先学文字和文法，因为文字和文法是表示思想的一种器具。学科学的亦何尝不然，他们还未研究科学以前，就要先学观察、试验，和那记录、计算判论的种种方法，因为这几种方法，也是研究科学的器具。又因现今各科科学，造诣愈加高深，分科愈加细密，一个初入门的学生，要走到那登峰造极的地方，却已不大容易。除非有特别教授，照美国大学的办法，要造成一个科学家，至少也得十来年。等我把这十年分配的大概，说来大家听听。才进大学的两三年，所学者无非是刚才所说的研究科学的器具，和关于某科的普通学理。至第四年、第五年，可以择定一科，专门研究，尽到[穷至] 前人所已到的境界、并当尽阅他人关于某科已发表的著作。(大概在杂志里面。) 如由研究的结果，知道某科中间尚有未解决的问题，或未尽发的底蕴，就可以同自己的先生商量，用第六、第七两年，想一个解决的方法来研究他。如其这层工夫成了功，在美国大学就可以得博士学位了。但是得了博士的，未必就是科学家。如其人立意做一个学者，他大约仍旧在大学里做一个助学，一面仍然研究他的学问。等他随后的结果，果然是发前人所未发，于世界人类的知识上有了的确的贡献，我们方可把这科学家的徽号奉送与他。这最后一层，因为是独立研究，很难定其所须的日月，我们暂且说一个三年五年，也不过举其最短限罢了。这样的科学家，虽然不就是牛顿、法勒第、兑维、阜娄、达尔文、沃力斯，也有做牛顿、法勒第、兑维、阜娄、达尔文、沃力斯的希望，这样的科学家，我们虽然不敢当，却是不敢不自勉的。

梁启超《为学与做人》导读

梁启超被誉为中国近代"百科全书式"的巨人，以一支常带感情的如椽大笔，写下了一千多万字的皇皇巨著，对近代中国的政治、思想、文化等产生了深刻影响。1917年后，梁启超结束了从政生涯，将主要精力用于文化教育和学术研究活动。

该文是梁启超于1922年12月27日为苏州学生联合会所作公开讲演，指出进学校求学问的最终目的在于学做人，得些断片的智识并不能算是有学问，只有做到智、仁、勇方才算是成一个人，告诫同学们要养足根本智慧，体验出人格人生观，保护好自由意志。

为学与做人 *

梁启超

诸君，我在南京讲学将近三个月了。这边苏州学界里头，有好几回写信邀我，可惜我在南京是天天有功课的，不能分身前来。今天到这里，能够和全城各校诸君聚在一堂，令我感激得很。但有一件事，还要请诸君原谅，因为我一个月以来，都带着些病，勉强支持，今天不能作很长时间的讲演，恐怕有负诸君期望哩。

问诸君："为什么进学校?"我想人人都会众口一辞地答道："为的是求学问。"再问："你为什么要

★ 该文原载于《晨报副刊》1923 年 1 月 15 日。

求学问？""你想学些什么？"恐怕各人的答案就很不相同，或者竟自答不出来了。诸君啊，我替你们总答一句罢："为的是学做人。"你在学校里头学的什么数学、几何、物理、化学、生理、心理、历史、地理、国文、英语，乃至什么哲学、文学、科学、政治、法律、经济、教育、农业、工业、商业等等，不过是做人所需要的一种手段，不能说专靠这些便达到做人的目的。任凭你把这些件件学得精通，你能够成个人不能成个人，还是另一个问题。

人类心理有知、情、意三部分。这三部分圆满发达的状态，我们先哲名之为三达德——智、仁、勇。为什么叫作"达德"呢？因为这三件事是人类普通道德的标准，总要三件具备才能成一个人。三件的完成状态怎么样呢？孔子说："知者不惑，仁者不忧，勇者不惧。"所以教育应分为知育、情育、意育三方面——现在讲的智育、德育、体育，不对。德育范围太笼统，体育范围太狭隘——知育要教到人不惑，情育要教到人不忧，意育要教到人不惧。教育家教学生，应该以这三件为究竟，我们自动的自己教育自己，也应该以这三件为究竟。

怎么样才能不惑呢？最要紧是养成我们的判断力。想要养成判断力，第一步，最少须有相当的常识；进一步，对于自己要做的事须有专门智识；再进一步，还要有遇事能断的智慧。假如一个人连常识都没有，听见打雷，说是雷公发威，看见月食，说是暇蟆贪嘴，那么，一定闹到什么事都没有主意，碰着一点疑难问题，就靠求神问卜，看相算命去解决。真所谓"大惑不解"，成了最可怜的人了。学校里，小学、中学所教，就是教人有了许多基本的常识，免得凡事都暗中摸索。但仅仅有这点常识还不够。我们做人，总要各有一件专门职业。这门职业，也并不是我一人破天荒去做，从前已经许多人做过。他们积了无数经验，发现出好些原理原则，这就是专门学识。我打算做这项职业，就应该有这项专门学识。例如，我想做农吗？怎样的改良土壤？怎样的改良种子？怎样的防御水旱病虫……

等等，都是前人经验有得成为学识的。我们有了这种学识，应用它来处置这些事，自然会不惑；反是则惑了。做工、做商……等等，都各各有它的专门常识，也是如此。我想做财政家吗，何种租税可以生出何样结果，何种公债可以生出何样结果……等等，都是前人经验有得成为学识的。我们有了这种学识，应用它来处置这些事，自然会不惑；反是则惑了。教育家、军事家……等等，都各各有他的专门常识，也是如此。我们在高等以上学校所求的智识，就是这一类。但专靠这种常识和学识就够吗？还不能。宇宙和人生是活的，不是呆的，我们每日所碰见的事理是复杂的、变化的，不是单纯的、印板的。倘若我们只是学过这一件才懂这一件，那么，碰着一件没有学过的事来到跟前，便手忙脚乱了。所以，还要养成总体的智慧，才能有根本的判断力。这种总体的智慧如何才能养成呢？第一件，要把我们向来粗浮的脑筋，着实磨练它，叫它变成细密而且踏实。那么，无论遇着如何繁难的事，我都可以彻头彻尾想清楚它的条理，自然不至于惑了。第二件，要把我们向来昏浊的脑筋，着实将养它，叫它变成清明。那么一件事理到跟前，我才能很从容，很莹澈的去判断它，自然不至于惑了。以上所说的常识、学识和总体的智慧，都是智育的要件，目的是教人做知者不惑。

怎么样才能不忧呢，为什么仁者便会不忧呢？想明白这个道理，先要知道中国先哲的人生观是怎么样。"仁"之一字，儒家人生观的全体大用都包在里头。"仁"到底是什么？很难用言语说明。勉强下个解释，可以说是："普遍人格之实现。"孔子说："仁者，人也。"意思说是，人格完成就叫作"仁"。但我们要知道，人格不是单独一个人可以表见的，要从人和人的关系上看出来。所以仁字从二人，郑康成解它做"相人偶"。总而言之，要彼我交感互发，成为一体，然后我的人格才能实现。所以我们若不讲人格主义，那便无话可说，讲到这个主义，当然归宿到普遍人格。换句话说，宇宙即是人生，人生即是宇宙，我的人格，和宇宙无二无别。体验得到这个道理，就叫作"仁者"。然则这种仁者为什么就会不忧呢？大凡忧之所从来，不外两端，一曰忧成败，二曰忧得失。我们得着"仁"的人生观，就不会忧成败。为什么呢？因为，我们知道宇宙和人生是永远不会圆满的，所以《易经》六十四卦，始"乾"而终"未济"，正为在这永远不圆满的宇宙中，才永远容得我们创造进化。我们所做的事，不过在宇宙进化几万里的长途中，往前挪一寸两寸，哪里配说成功呢！然则不做怎么样呢？不做便连这一寸两寸都不往前挪，那可真真失败了。"仁者"看透这种道理，信得过只有不做事才算失败，肯做事便不会失败。所以《易经》说："君子以自强不息。"换一方面来看，他们又信得过凡事不会成功的，几万万里路挪了一两寸，算成功吗？所以《论语》说："知其不可而为之。"你想，有这种人生观的人，还有什么成败可忧呢？再者，我们得着"仁"的人生观，便不会忧得失。为什么呢？因为认定这件东西是我的，才有得失之可言，连人格都不是单独存在，不能明确的画出这一部分是我的，那一部分是人家的，然则那里有东西可以为我所得？既已没有东西为我所得，当然也没有东西为我所失。我只是为学问而学问，为劳动而劳动，并不是拿学问、劳动等等做手段，来达到某种目的——可以为我们"所得"的。所以老子说："生而不有，为而不恃。""既以为人，己愈有；既以与人，己愈多。"你想，有这种人生观的人，还有什么得失可忧呢？总而言之，有了这种人生观，自然会觉得"天地与我并生，而万物与我为一"，自然会"无人而不自得"。他的生活，纯然是趣味化、艺术化，这是最高的情感教育，目的教人做到仁者不忧。

怎么样才能不惧呢？有了不惑不忧的功夫，惧当然会减少许多了。但这是属于意志方面的事，一个人若是意志力薄弱，便有很丰富的智识，临时也会用不着，便有很优美的情操，临时也会变了卦。

然则意志怎么才会坚强呢？头一件，须要心地光明。孟子说："浩然之气，至大至刚。行有不慊于心，则馁矣。"又说："自反而不缩，虽褐宽博，吾不惴焉；自反而缩，虽千万人吾往矣。"俗语说得好："生平不作亏心事，夜半敲门也不惊。"一个人要保持勇气，须要从一切行为可以公开做起。这是第一著。第二件，要不为劣等欲望之所牵制。《论语》记："子曰：吾未见刚者。或对曰：申枨。子曰：枨也欲，焉得刚?"一被物质上无聊的嗜欲东拉西扯，那么百炼刚也会变为绕指柔了。总之，一个人的意志，由刚强变为薄弱极易，由薄弱返到刚强极难。一个人有了意志薄弱的毛病，这个人可就完了。自己作不起自己的主，还有什么事可做？受别人压制，做别人的奴隶，自己只要肯奋斗，终须能恢复自由。自己的意志做了自己情欲的奴隶，那么真是万劫沉沦，永无恢复自由的余地，终身畏首畏尾，成了个可怜人了。孔子说："和而不流，强哉矫；中立而不倚，强哉矫；国有道，不变塞焉，强哉矫；国无道，至死不变，强哉矫。"我老实告诉诸君说罢，做人不做到如此，决不会成一个人。但做到如此，真是不容易，非时时刻刻做磨炼意志的功夫不可。意志磨炼得到家，自然是看着自己应做的事，一点不迟疑，扛起来便做，"虽千万人吾往矣"。这样才算顶天立地做一世人，绝不会有藏头躲尾、左支右绌的丑态。这便是意育的目的，要教人做到勇者不惧。

我们拿这三件事作为做人的标准，请诸君想想，自己现时做到哪一件——哪一件稍微有一点把握。倘若连一件都不能做到，连一点把握都没有，哎哟，那可真危险了，你将来做人恐怕都做不成。讲到学校里的教育，第二层的情育，第三层的意育，可以说完全没有，剩下的只有第一层的知育。就算知育罢，又只有所谓的常识和学识，至于我所讲的总体智慧靠来养成根本判断力的，却是一点儿也没有。这种"贩卖智识杂货店"的教育，把他前途想下去，真令人不寒而栗。现在这种教育，一时又改革不来，我们可爱的青年，除了他更没有可以受教育的地方。诸君啊，你到底还要做人不要？你要知道危险呀！非你自己抖擞精神想方法自救，没有人能救你呀！

诸君啊，你千万别以为得些断片的智识，就算是有学问呀！我老实不客气地告诉你罢，你如果做成一个人，智识自然是越多越好，你如果做不成一个人，智识却是越多越坏。你不信吗？试想想，全国人所唾骂的卖国贼某人某人，是有智识的呀，还是没有智识的呢？试想想，全国人所痛恨的官僚政客——专门助军阀作恶鱼肉良民的人，是有智识的呀，还是没有智识的呢？诸君须知道啊，这些人当十几年前在学校的时代，意气横厉，天真烂漫，何尝不和诸君一样？为什么就会堕落到这样田地呀？屈原说的："何昔日之芳草兮，今直为此萧艾也！岂其有他故兮，莫好修之害也。"天下最伤心的事，莫过于看着一群好好的青年，一步一步的往坏路上走。诸君猛醒啊，现在你所厌所恨的人，就是你前车之鉴了。

诸君啊！你现在怀疑吗？沉闷吗？悲哀痛苦吗？觉得外边的压迫你不能抵抗吗？我告诉你，你怀疑和沉闷，便是你因不知才会惑；你悲哀痛苦，便是你因不仁才会忧；你觉得你不能抵抗外界的压迫，便是你因不勇才有惧。这都是你的知、情、意未经过修养磨炼，所以还未成个人。我盼望你有痛切的自觉啊！有了自觉，自然会自动。那么学校之外，当然有许多学问，读一卷经，翻一部史，到处都可以发现诸君的良师呀。

诸君啊，醒醒罢！养足你的根本智慧，体验出你的人格人生观，保护好你的自由意志，你成人不成人，就看这几年哩！

徐悲鸿《研究艺术务须诚笃》导读

徐悲鸿将西方精湛的写实技巧融入中国绘画之中，为传统艺术的革新与发展开拓了广阔天地，被国际评论誉为"中国近代绘画之父"。1917年5月他留学日本学习美术，年底回国后被聘为北京大学画法研究会导师。1919年他留学法国，入巴黎国立美术学院，后转往柏林、比利时研习素描和油画。1927年春归国后，他先后任教于上海南国艺术学院、中央大学艺术系、北京大学艺术学院、北平艺专等，积极投身于美术创作和美术教育之中，提倡"尽精微，至广大"。他也被视为现实主义美学的引领者和倡导者，坚持"为生活而艺术"的美学风格。他在该文中提出，探求真

徐悲鸿《研究艺术务须诚笃》

理必须诚笃,下切实功夫,研究至绝对精确之地
步,方能获伟大之成功。

研究艺术务须诚笃 ＊

徐悲鸿

研究艺术，务须诚笃。吾辈之习绘画，即研究如何表现种种之物象。表现之工具，为形象与颜色。形象与颜色即为吾辈之语言，非将此二物之表现，做到功夫美满时，吾辈即失却语言作用似矣。故欲使吾辈善于语言，须于宇宙万象有非常精确之研究与明晰之观察，则"诚笃"尚矣。其次学问上有所谓力量者，即吾辈研究甚精确时之确切不移之

＊　该文是徐悲鸿1926年4月4日在中华艺术大学的讲演辞，原载于上海《申报》1926年4月5日，原题为《徐悲鸿在中华艺大讲演》。

焦点也。如颜色然，同一红也，其程度总有些微之差异，吾人必须观察精确，表现其恰当之程度，此即所谓"力量"，力量即是绝对的精确，为吾辈研究绘画之真精神。试观西洋各艺术品，如全盛时代之希腊作品，及米开朗琪罗、达·芬奇、提香等诸人之作品，无一不具精确之精神，以成伟大者。至如何涵养此种之力量，全恃吾人之功夫。研究绘画者之第一步功夫即为素描，素描是吾人基本之学问，亦为绘画表现唯一之法门。素描拙劣，则于一个物象，不能认识清楚，以言颜色更不知所措，故素描功夫欠缺者，其所描颜色，纵如何美丽，实是放滥，几与无颜色等。欧洲绘画界，自十九世纪以来，画派渐变。其各派在艺术上之价值，并无何优劣之点，此不过因欧洲绘画之发达，若干画家制作之手法稍有出入，详为分列耳。如马奈、塞尚、马蒂斯诸人，各因其表现手法不同，列入各派，犹中国古诗中之潇洒比李太白、雄厚比杜工部者也。吾辈研究各派，须研究各派功夫之所在（如印象派不专究小轮廓，而重色影与气韵，其功夫即在色彩上），否则便不能洞见其实际矣。其次有所谓"巧"字，是研究艺术者之大敌。因吾人研究之目标，要求真理，唯诚笃，可以下切实功夫，研究至绝对精确之地步，方能获伟大之成功。学"巧"便固步自封，不复有为，乌能至绝对精确，于是我人之个性亦不能造就十分强固矣。

二十岁至三十岁，为吾人凭全副精力观察种种物象之期，三十以后，精力不甚健全，斯时之创作全恃经验记忆及一时之感觉，故须在三十以前养成一种至熟至精确之力量，而后制作可以自由。法国名画家薄奈九十岁时之作品，手法一丝不苟，由是可想见其平日素描之根底。故吾人研究绘画，当在二三十岁时，刻苦用功，分析精密之物象，涵养素描功夫，将来方可成杰作也。

诸位，艺术家之功夫，即在于此。兄弟不信世界上有甚天才，是在吾辈切实研究耳。诸位目今方在二三十岁之际，正当下工夫之时期，还望善自努力也。

熊十力语　高赞非记录《论治学与做人》导读

　　熊十力是现代儒学大师，被学界誉为"五四以后最有成就的专业哲学家之一"。他的"新唯识论"体系贯通百家，融会儒佛，在中国现代哲学史上独树一帜，为现代新儒学奠定了形而上的哲学基础。他与梁漱溟交谊深厚，1922年被梁漱溟等人举荐至北京大学任教，此后一直从事教育工作，提倡道德与学问并重，生活与学习一致，先后培养出了牟宗三、唐君毅、徐复观等闪耀于现代哲学界的重要人物。可惜他在很长一段时间内几近被人遗忘，至1985年中华书局重新整理和出版《新唯识论》，他才重新回到人们的视野中。

该文节选自熊十力弟子高赞非所记熊十力的言行录，文中所谓"师""先生"，皆指熊十力；所谓"漱师"，指的是梁漱溟。

论治学与做人（节选）＊

熊十力语　高赞非记录

陈聚英初见师，请示看何书。师语之曰：且勿
遽说看何书。汝欲堂堂巍巍作一个人，须早自定终
身趋向，将为事业家乎？将为学问家乎？如为学
问家，则将专治科学乎？抑将专治哲学或文学等
乎？如为事业家，则将为政治家乎？或为农工等实
业家乎？此类趋向决定，然后萃全力以赴吾所欲达
之的，决不中道而废。又趋向既定，则求学亦自有
专精。如趋向实业，则所学者，即某种实业之专门

＊　该文原载于《十力语要》卷四《高赞非记语》，1947
年湖北十力丛书印本，标题为编者所加。

知识也。趋向政治，则所学者，即政治之专门知识也。大凡事业家者所学必其所用，所用即其所学，此不可不审也。如趋向哲学，则终身在学问思索中，不顾所学之切于实用与否，荒山敝榻，终岁孜孜。人或见为无用，而不知其精力之绵延于无极，其思想之探颐索远，致广大，尽精微，灼然洞然于万物之理，吾生之真，而体之践之，充实以不疑者，真大宇之明星也。故宁静致远者，哲学家之事也。虽然，凡人之趋向，必顺其天才发展。大鹏翔乎九万里，斥鷃抢于榆枋间，各适其性，各当其分，不齐而齐矣。榆枋之间，其近不必羡乎远也，九万里，其远不必骄于近也。天付之羽翼而莫之飞，斯乃不尽真性，不如其分，此之谓弃物。吾向者欲以此意为诸生言之，又惧失言而遂止也。汝来请益，吾故不惮烦而言之。然吾所可与汝言者止此矣。汝能听与否，吾则以汝此后作何工夫而卜之也。若犹是昏昏懂懂，漫无定向，徘徊复徘徊，蹉跎复蹉跎，岁月不居，汝其虚度此生矣。

先生曰：人谓我孤冷，吾以为人不孤冷到极度，不堪与世谐和。

事不可意，人不可意，只有当下除遣。若稍令留滞，便藏怒蓄怨，而成为嗔痴习气，即为后念种下恶根，永不可拔。人只是自己对于自己作造化主。可不惧哉？可不惧哉！

偶见师于案头书纸云，说话到不自已时，须猛省而立收敛住。纵是于人有益之话，但说到多时，则人必不能领受，而自己耗气已甚。又恐养成好说话之习惯，将不必说不应说不可说之话，一切纵谈无忌，虽曰直率，终非涵养天和之道。而以此取轻取侮取忌取厌取疑于人，犹其末也。吾中此弊甚深，悔而不改，何力量薄弱一至是哉！

漱师阅同学日记，见有记时人行为不堪者，则批云含蓄为是。先生曰：梁先生宅心固厚。然吾侪于人不堪之行为，虽宜存矜怜之意，但为之太含蓄，似不必也。吾生平不喜小说，六年赴沪，舟中无聊，友人以《儒林外史》进，吾读之汗下。觉彼书之穷神尽态，如将一切人及我身之千丑百怪，一一绘出，令我藏身无地矣。准此，何须含蓄，正唯恐不能抉发痛快耳。太史公曰：不读《春秋》，前有谗而不见，后有贼而不知。亦以《春秋》于谗贼之事，无所不言，言无不尽，足资借鉴也。吾恶恶如《春秋》，不能为行为不堪者含蓄。

……

师语云颂天曰：学者最忌悬空妄想，故必在周围接触之事物上用其耳目心思之力。然复须知，宇宙无穷，恃一己五官之用，则其所经验者已有限。至妄想所之，又恒离实际经验而不觉。船山先生诗有云：如鸟画虚空，漫尔惊文章。此足为空想之戒。故吾侪必多读古今书籍，以补一己经验之不及。而又必将书籍所发明者，反之自家经验，而辨其当否。若不尔者，又将为其所欺。

颂天可谓载道之器，惜其把知识看轻了。他也自责不立志，却没理会志非徒立，必见诸事。少年就学时，则穷理致知是一件大事。此却靠读书补助。于此得著门径，则志气日以发舒。否则空怀立志，无知能以充之，毕竟是一个虚馁的汉子。吾观汝侪平日喜谈修养话头，而思想方面全未受训练，全未得方法，并于无形中有不重视之意。此吾所深忧也。观颂天昨日所书，仍是空说不立志，而于自己知识太欠缺，毫不感觉。充汝辈之量，只是做个从前那般道学家，一面规行矩步，一面关于人生道理也能说几句恳切语、颖悟语。谈及世道人心，亦似恻隐满怀。实则自己空疏迂陋，毫无一技之长。尤可惜者，没有一点活气。从前道学之末流只是如此。吾不愿汝侪效之也。

先生戒某君曰：吾一向少与汝说直说，今日宜披露之。汝只是无真志，有真志者不浮慕，脚踏实地，任而直前。反是，则昏乱人也，庸愚人也。汝于自家身心，一任其虚浮散乱，而不肯作鞭辟近里工夫。颂天知为己之学，而汝漠然不求也。尝见汝开口便称罗素哲学，实则，汝于数学、物理等知识，毫无基础，而浮慕罗素，亦复何为？汝真欲治罗素哲学，则须在学校切实用功。基本略具，始冀专精。尔时近于数理哲学，则慕罗素可也。或觅得比罗素更可慕者亦可也。尔时不近于数理哲学，则治他派哲学或某种科学亦可也。此时浮慕罗素何为耶？汝何所深知于罗素而慕之耶？君子于其所不知，盖阙如也。至其所笃信，则必其所真知者矣。不知而信之，惊于其声誉，震于其权威，炫于社会上千百无知之徒之展转传说，遂从而醉心焉。此愚贱污鄙之尤。少年志学，宁当尔哉！天下唯浮慕之人，最无力量，决不肯求真知。吾不愿汝为此也。汝好名好胜，贪高骛远，不务按步就班着工夫。一日不再晨，一生不再少。行将以浮慕而毕其浮生，可哀也哉！

先生一日立于河梁，语同学云：吾侪生于今日，所有之感触，诚有较古人为甚者。古之所谓国家兴亡，实不过个人争夺之事耳。今则已有人民垂毙之忧，可胜痛乎！又吾人之生也，必有感触，而后可以为人。感触大者则为大人，感触小者则为小人，绝无感触者则一禽兽而已。旷观千古，感触最大者，其唯释迦乎！以其悲愿，摄尽未来际无量众生而不舍，感则无涯矣。孔子亦犹是也。"鸟兽不可与同群，吾非斯人之徒与而谁与？"何其言之沉切也！"老者安之，朋友信之，少者怀之。"程子谓其量与天地相似，是知孔子者也。

　　为学，苦事也，亦乐事也。唯真志于学者，乃能忘其苦而知其乐。盖欲有造于学也，则凡世间一切之富贵荣誉皆不能顾。甘贫贱，忍澹泊，是非至苦之事欤。虽然，所谓功名富贵者，世人以之为乐也。世人之乐，志学者不以为乐也。不以为乐，则其不得之也，固不以之为苦矣。且世人之所谓乐，则心有所逐而生者也。既有所逐，则苦必随之。乐利者逐于利，则疲精敝神于营谋之中，而患得患失之心生。虽得利，而无片刻之安矣。乐名者逐于名，则徘徊周旋于人心风会迎合之中，而毁誉之情俱。虽得名，亦无自得之意矣。又且所逐之物，必不能久。不能久，则失之而苦益甚。故世人所谓

乐，恒与苦对。斯岂有志者愿图之乎？唯夫有志者
不贪世人之乐，故亦不有世人之苦。孜孜于所学，
而不顾其他。迨夫学而有得，则悠然油然，尝有包
络天地之概。斯宾塞氏所谓自揣而重，正学人之大
乐也。既非有所逐，则此乐乃为真乐，而毫无苦之
相随。是岂无志者所可语者乎？

人生在社会上呼吸于贪染、残酷、愚痴、污
秽、卑屑、悠忽、杂乱种种坏习气中，他的生命，
纯为这些坏习气所缠绕、所盖覆。人若稍软弱一
点，不能发展自家底生命，这些坏习气便把他底生
命侵蚀了。浸假而这些坏习气简直成了他底生命，
做他底主人翁。其人纵形偶存，而神已久死。

凡人当自家生命被侵蚀之候，总有一个创痕。
利根人特别感觉得。一经感觉，自然奋起而与侵蚀
我之巨贼相困斗，必奏廓清摧陷之功。若是钝根
人，他便麻木，虽有创痕而感觉不分明，只有宛转
就死于敌人之前而已。

为学最忌有贱心与轻心。此而不除，不足为

学。举古今知名之士而崇拜之，不知其价值何如也，人崇而己亦崇之耳。此贱心也。轻心者，己实无所知，而好以一己之意见衡量古今人短长。譬之阅一书，本不足以窥真蕴，而妄曰吾既了之矣。此轻心也。贱心则盲其目，轻心且盲其心。有此二者，欲真有成于学也，不可得矣。

先生尝自言，当其为学未有得力时，亦会盲目倾仰许多小大名流。言已而微笑。予因问曰："先生对昔日所盲目倾仰者，今得毋贱之恶之耶？"先生曰，只合怜他，贱恶都不是。

世俗所谓智者，大抵涉猎书册，得些肤泛知识，历练世途，学了许多机巧。此辈原来无真底蕴，无真知见。遇事只合计较一己利害。其神既困于猥琐之地，则不能通天下之故，类万物之情，只是无识之徒。凡人胆从识生。今既无识，便无胆，如何做得大事？

赖典丽云，尝闻诸先生曰：吾人做学问，是变化的，创造的，不是拉杂的，堆积的。此如吾人食物，非是拉杂堆积一些物质而已。食后必消化之，成为精液，而自创新生机焉。若拉杂堆积之物，则是粪渣而已。学问亦然。若不能变化创新，则其所谓学问，亦不过粪渣的学问而已。

[与赖生] 子笃实人也。忠信可以习礼，笃实可以为学。尽力所至，莫间收获，只问耕耘。著书是不得已。如蚕吐丝，如蜂酿蜜，非有所为而为之也。陈白沙诗云："莫笑老佣无著述，真儒不是郑康成。"得此见地，方许通过要津。

梅贻琦　潘光旦《工业化运动中的人才问题》导读

　　该文成于 1943 年，由梅贻琦拟纲，潘光旦代笔。梅贻琦与潘光旦同为清华百年历史上四大哲人之一（另两位是陈寅恪和叶企孙）。梅贻琦是我国首批赴美留学生之一，赴美国武斯特理工学院学习电机工程，后改习物理，1915 年归国后担任清华学堂物理教师，1931 年后担任清华大学校长。潘光旦于 1913 年考入清华学校，因在体育活动中摔伤右腿遭截肢休学两年，1922 年从清华毕业后赴美留学，主修生物学，研习遗传学、优生学等，1926 年回国后在上海政治大学、光华大学、复旦大学、东吴大学等校任教，1934—1952 年在清华大学社会学系任教，1952—1967 年任教于中央民族学院。他提倡以培养健全人格为核心的完人教育，鼓吹在大学教育中应培养通才。

在该文中，他们从培养工业化所需技术人才和组织人才的视角出发，提出了改革我国工业人才培养的途径，指出应当设专科学校或高级工业学校和艺徒学校以培养技术人才，而工科教育在适度的技术化之外还要取得充分的社会化与人文化，大学工学院需要减少专攻技术的课程而添设有关通识的课程。对我们求学的人来说，正可从中看出应注意事项，加以警醒。

工业化运动中的人才问题 ✭

梅贻琦　潘光旦

工业化是建国大计中一个最大的节目，近年以来，对国家前途有正确认识的人士，一向作此主张，不过认识与主张是一回事，推动与实行又是一回事。工业化的问题，真是千头万绪，决非立谈之间可以解决。约而言之，这期间至少也有三四个大问题，一是资源的问题，二是资本的问题，三是人才的问题，而人才问题又可以分为两方面，一是组织人才，一是技术人才。近代西洋从事于工业建设的人告诉我们，只靠技术人才，是不足以成事的，

✭　该文原载于《当代评论》第 4 卷第 4 期，1944 年。

组织人才的重要至少不在技术人才之下。中国号称地大物博，但实际上工业的资源，并不见得丰富。所以这方面的问题，就并不简单。而在民穷财尽的今日，资本也谈何容易？不过以一个多年从事于教育事业的人，所能感觉到的，终认为最深切的一些问题，还是在人才的供应一方面。

我认为人才问题，有两个部分，一是关于技术的，一是关于组织的。这两部分都不是吸切可以解决的。研究民族品性的人对我们说：以前中国的民族文化因为看不起技术，把一切从事技术的人当做"工"，把一切机巧之事当做"小道"，看作"坏人心术"，所以技术的能力，在民族的禀赋之中，已经遭受过大量的淘汰，如今要重新恢复过来，至少恢复到秦汉以前固有的状态，怕是绝不容易。组织的能力也是民族禀赋的一部分，有则可容训练，无则一时也训练不来；而此种能力，也因为多年淘汰的关系，特别是家族主义一类文化的势力所引起的淘汰作用，如今在民族禀赋里也见得异常疲弱；一

梅贻琦　潘光旦《工业化运动中的人才问题》

种天然的疲弱，短期内也是没有方法教他转变为健旺的。这一类的观察也许是错误的，或不准确的。但无论错误与否，准确与否，我以为他们有一种很大的效用，就是刺激我们，让我们从根本做起，一洗以前头痛医头脚痛医脚的弊病。所谓从根本做起，就是从改正制度转移风气着手。此种转移与改正的努力，小之可将剩余的技术与组织能力，无论多少，充分的选择、训练，而发挥出来；大之可以因文化价值的重新确定，使凡属有技术能力与组织能力的人，在社会上抬头，得到社会的拥护和推崇，从而在数量上有不断的增加扩展。

改正制度转移风气最有效的一条路是教育。在以前，在国家的教育制度里，选才政策里，文献的累积里，工是一种不入流的东西，惟其不入流品，所以工的地位才江河日下。如今如果我们在这几个可以总称为教育的方面，由国家确定合理的方针，切实而按部就班的做去，则从此以后，根据"君子之德风，小人之德草，草上之风必偃"的颠扑不破的原则，工的事业与从事此种事业的人，便不难力争上游，而为建国大计中重要方面与重要流品的一种。这种教育方针前途固然缺少不得，却也不宜过于狭窄，上文所云合理两个字，我以为至少牵涉到三个方面：一是关于基本科学的，二是关于工业技术的，三是关于工业组织的；三者虽同与工业化的政策有密切关系，却应分作三种不同而互相联系的训练，以造成三种不同而可以彼此合作的人才。抗战前后 10 余年来，国家对于工业的提倡与工业人才的培植，已经尽了很大的努力，但我以为还不够，还不够合理；这三种训练与人才之中，我们似乎仅仅注意到了第二种，即技术的训练，与专家的养成。西洋工业文明之有今日，是理工并重的，甚至于理论的注意要在技术之上，甚至于可以说，技术的成就是从理论的成熟之中不期然而然的产生出来的。真正着重技术，着重自然科学对于国计民生的用途，在西洋实在是比较后起的事。建国是百年的大计，工业建国的效果当然也不是一蹴而就。如果我们在工业文明上也准备取得一种独立自主的性格，不甘于永远拾人牙慧，则工程上基本的训练，即自然科学的训练，即大学理学院的充实，至少不应在其他部分之后，这一层就目前的趋势说，我们尚未多加注意。这就是不够合理的一层，不过，这一层我们目下除提到一笔而外，姑且不谈，我们可以认为它是工业化问题中比较更广泛而更基本的一部分，值得另题讨论。本文所特别留意的，还是技术人才与组织人才的供应问题。

为了适应今日大量技术人才的需要，我认为应当设专科学校或高级工业学校和艺徒学校。高级的技术人才由前者供给，低级的由后者供给，而不应广泛而勉强的设立许多大学工学院或令大学勉强的多收工科学生。大学工学院在造就高级工业人才与推进工程问题研究方面，有其更大的使命，不应使其只顾大量的出产，而将品质降低，而且使其更重要的任务，无力担负。我们在工业化程序中所需的大量的技术人员，大学工学院实无法供给，亦不应尽要他们供给。德国工业文明的发达，原因虽然不止一端，其高级工业学校的质量之超越寻常，显然是一大因素。此种学校是专为训练技术而设立的，自应力求切实，于手脑并用之中，要求手的运用娴熟。要做到这一点，切忌的是好高骛远，不着边际。所谓不好高骛远，指的是两方面，一是在理智的方面，要避免空泛的理论，空泛到一个与实际技术不相干的程度；二在心理与社会的方面，要使学生始终甘心于用手，要避免西洋人所谓的"白领"的心理，要不让学生于卒业之后，亟于成为一个自高身价的"工程师"，只想指挥人做工，而自己不动手。我不妨举两个实例，证实这两种好高骛远的心理在目前是相当流行的。此种心理一天不去，则技术人才便一天无法增加，增加了也无法运用，而整个工业化计划是徒托空言。

我前者接见到一个青年，他在初中毕业以后，考进了东南的某一个工程专科学校，修业 5 年以后，算是毕业了。我看他的成绩单，发现在第三年的课程里，便有微积分，微分方程，应用力学一类的科目；到了第五年，差不多大学工学院里普通所开列的关于他所学习的一系的专门课程都学完了，而且他说，所用的课本也都是大学工学院的课本。课本缺乏，为专科学校写的课本更缺乏，固然是一个事实，但这个青年果真都学完了么？学好了么？我怕不然，他的学力是一个问题，教师的教授能力与方法也未始不是一个问题。五年的光阴，特别是后三年，他大概是囫囵吞枣似的过去的。至于实际的技能，他大概始终在一个半生不熟的状态之中，如果他真想在工业方面努力，还得从头学起。这是关于理论方面好高骛远的例子。

在抗战期间的后方，某一个学校里新添了几间房子，电灯还没有装，因为一时有急用，需要临时装设三五盏。当时找不到工匠，管理学校水电工程的技师也不在，于是就不得不乞助于对于电工有过专门训练的两三位助教。不图这几位助教，虽没有读过旧书，却也懂得"德成而上，艺成而下"与

"大德不官，大道不器"的道理，一个个都不肯动手，后来还是一位教授与一位院长亲自动手装设的。这些助教就是目前大学理工学院出身的，他们是工程师，是研究专家，工程师与研究专家有他的尊严，又如何以做匠人的勾当呢？这是在社会心理上好高骛远的例子。

关于艺徒学校的设立，问题比较简单。这种学校，最好由工厂设立，或设在工厂附近，与工厂取得合作。初级的工业学校，也应当如此办理。不过有两点应当注意的：一要大大增添此种学校的数量，二要修正此种学校教育的目标。目前工厂附设艺徒班，全都是只为本厂员工的挹注设想，这是不够的。艺徒班所训练的是一些基本的技术，将来到处有用，我们应当把这种训练认为是国家工业化教育政策的一个或一部分，教他更趋于切实、周密；因而取得更大的教育与文化的意义，否则岂不是和手工业制度下的徒弟教育没有分别，甚至于从一般的生活方面说，还赶不上徒弟教育呢？艺徒学校的

梅贻琦　潘光旦《工业化运动中的人才问题》

办理比较简单，其间还有一个原因，就是加入的青年大都为农工子弟，他们和生活环境的艰苦奋斗已成习惯，可以不致于养成上文所说的那种好高骛远的心理。对于这一点，我们从事工业教育的人还得随时留意，因为瞧不起用手的风气目前还是非常流行，它是很容易渗透到工农子弟的脑筋上去的。

大学工学院的设置，我认为应当和工业组织人才的训练最有关系。理论上应当如此，近年来事实的演变更教我们不能不如此想。上文不是引过一个工学院毕业的助教不屑于动手装电灯的例子么？这种不屑的心理固然不对，固然表示近年来的工业教育在这方面还没有充分的成功，前途尚须努力。不过大学教育毕竟与其他程度的学校教育不同，它的最大的目的原在培植通才；文、理、法、工、农等等学院所要培植的是这几个方面的通才，甚至于两个方面以上的综合的通才。它的最大的效用，确乎是不在养成一批一批限于一种专门学术的专家或高等匠人。工学院毕业的人才，对于此一工程与彼一工程之间，对于工的理论与工的技术之间，对于物的道理与人的道理之间，都应当充分了解，虽不能游刃有余，最少在这种错综复杂的情境之中，可以有最低限度的周旋的能力。惟有这种分子才能有组织工业的力量，才能成为国家目前最迫切需要的工业建设的领袖，而除了大学工学院以外，更没有别的教育机关可以准备供给这一类的人才。

因此我认为目前的大学工学院的课程大有修改的必要。就目前的课程而论，工学院所能造就的人才还够不上真正的工程师，无论组织工业的领袖人才了。其后来终于成为良好的工程师和组织人才的少数例子，饮水思源，应该感谢的不是工学院的教育，而是他的浑厚的禀赋与此种禀赋的足以充分利用社会的学校或经验的学校所供给他的一切。就大多数的毕业生而言，事实上和西洋比较良好的高级工业学校的毕业生没有多大分别，而在专门训练的周密上，不良态度的修正(如不屑于用劳力的态度)上，怕还不如。

梅贻琦　潘光旦《工业化运动中的人才问题》

　　要造就通才，大学工学院必须添设有关通识的
课程，而减少专攻技术的课程。工业的建设靠技
术，靠机器，不过他并不单靠这些。没有财力，没
有原料，机器是徒然的，因此他至少对于经济地
理、经济地质，以至于一般的经济科学要有充分的
认识。没有人力，或人事上得不到适当的配备与协
调，无论多少匹马力的机器依然不会转动，或转动
了可以停顿。因此，真正工业的组织人才，对于心
理学、社会学、伦理学，以至于一切的人文科学、
文化背景，都应该有充分的了解。说也奇怪，严格
的自然科学的认识倒是比较次要；这和工业理论的
关系虽大，和工业组织的关系却并不密切。人事的
重要，在西洋已经深深的感觉到，所以一面有工业
心理的工商管理一类科学的设置，一面更有"人事
工程"（Human Engineering）一类名词的传诵。其
在中国，我认为前途更有充分认识与训练的必要，
因为人事的复杂，人与人之间的易于发生摩擦，难
期合作，是一向出名的。总之，一种目的在养成组

织人才的工业教育，于工学本身与工学所需要的自然科学而外，应该旁及一大部分的人文科学与社会科学，旁及得愈多，使受教的人愈博洽，则前途他在物力与人力的组织上，所遭遇的困难愈少。我在此也不妨举一两个我所知的实例。

我以前在美国工科大学读书的时候，认识一位同班的朋友，他加入工科大学之前，曾经先进文科大学，并且毕了业；因为他在文科大学所选习的自然科学学程比较的多，所以进入工科大学以后，得插入三年级，不久也就随班毕业了。就他所习的工科学程而言，他并不比他同班的为多，甚至于比他们要少，但其他方面的知识与见解，他却比谁都要多，他对于历史、社会、经济，乃至于心理学等各门学问，都有些基本的了解。结果，毕业后不到10年，别的同班还在当各级的技师和工程师，他却已经做到美国一个最大电业公司的分厂主任，成为电工业界的一个领袖了。

这是就正面说的例子，再就反面说一个。在抗

梅贻琦 潘光旦 《工业化运动中的人才问题》

战期间，后方的工业日趋发展，在发展的过程里，我们所遭遇的困难自然不一而足，其中最棘手的一个是人事的不易调整与员工的不易相安。有好几位在工厂界负责的人对我说，目前大学工学院的毕业生在工厂中服务的一天多似一天，但可惜我们无法尽量的运用他们；这些毕业生的训练，大体上都不错，他们会画图打样，会装卸机器，也会运用机巧的能力，来应付一些临时发生的技术上的困难；但他们的毛病在不大了解别人，容易和别人发生龃龉，不能和别人合作，因此，进厂不久，便至不能相安，不能不别寻出路。不过在别的出路里他们不能持久，迟早又会去而之他。有一位负责人甚至于提议：可否让学生在工科学程卒业之后，再留校一年，专攻些心理学、社会学一类的课程。姑不论目前一样注重专门的心理学与社会学能不能满足这位负责人的希望，至少他这种见解与提议是一些经验之谈，而值得我们与以郑重的考虑的。

　　值得郑重考虑的固然还不止这一点，不过怎样才可以使工科教育于适度的技术化之外，要取得充分的社会化与人文化，我认为是工业化问题中最核心的一个问题；核心问题得不到解决，则其他边缘的问题虽得到一时的解决，于工业建设前途，依然不会有多大的补益。这问题需要国内从事教育与工业的人从长商议（如修业年限问题，如课程编制问题……皆是很重要而须审慎研究的），我在本文有限的篇幅里，只能提出一个简单的轮廓罢了。

至于工科大学的教育，虽如是其关系重要，在绝对的人数上，则应比高初级工业学校毕业的技术人才只佔少数，是不待赘言的。工业人才，和其他人才一样，好比一座金字塔，越向上越不能太多，越向下便越多越好。因此，我以为大学工学院不宜无限制的添设，无限制的扩展，重要的还是在质的方面加以充实。而所谓质：一方面指学生的原料必须良好，其才力仅仅足以发展为专门技工的青年当然不在其内；一方面指课程的修正与学风的改变，务使所拔选的为有眼光与有见识的青年。所以进行之际，应该重通达而不重专精，期渐进而不期速效。目前我们的工业组织人才当然是不够，前途添设扩充工科大学或大学工科学院的必要自属显然；不过无论添设与扩充，我们总须以造就工业通才的原则与方法为指归。出洋深造，在最近的几十年间，当然也是一条途径，不过我以为出洋的主要目的，不宜为造就上文所说的三种人才中的第二种，即狭义的技术人才，而宜乎是第一种与第三种，即基本科学人才与工业组织人才。第一种属于纯粹的理科，目前也姑且不提；就工业而言工业，还是组织人才比较更能够利用外国经验的长处。不过我们还应有进一步的限制。一个青年想出国专习工业管理，宜若可以放行了。不然，我们先要看他在工业界，是否已有相当的经验，甚于在某一种专业方面，是否已有相当的成就，然后再定他的行止；要知专习一两门工业管理课程，而有很好的成绩，并不保证他成为一个工业组织人才。

最后，我们要做到上文所讨论的种种，我必然再提出一句话，作为本文的结束。学以致用，不错；不过同样一个用字，我们可以有好几个看法，而这几个看法应当并存，更应当均衡的顾到。任何学问有三种用途，一是理论之用，二是技术之用，三是组织之用。没有理论，则技术之为用不深；没有组织，则技术之为用不广。政治就是如此，政治学与政治思想属于理论，吏治属于技术，而政术或治道则属于组织；三者都不能或缺。工的学术又何尝不如此。近年来国内工业化运动的趋势，似乎过去侧重技术之用，而忽略了理论之用和组织之用，流弊所及，一时代以内工业人才的偏枯是小事，百年的建国大业受到不健全的影响却是大事，这便是本篇所由写成的动机了。

吕思勉《孤岛青年何以报国》导读

　　吕思勉因"方面广阔、述作宏富，且能深入为文"，被严耕望誉为"前辈史学四大家"之一（另三位是陈垣、陈寅恪、钱穆）。

　　吕思勉治学勤奋，淡泊名利，不求闻达，从不随便写应酬文章，"有理想、有计划，又有高度的耐性，锲而不舍的依照计划，不怕辛苦，不嫌刻板的坚持工作"，五十年如一日埋头阅读写作，治学通贯各时代，周瞻各领域，实事求是地考证，再加以融会贯通。他的著作涵盖了中国通史、社会文化史、政治制度史、思想史、学术史、历史研究法、文学史、文字学等方面，"识大而不遗细，泛览而会其通，务求是而不囿于成说，尚核实亦不涉于烦琐"，且善言经世、善于评论。

　　上海沦陷期间(1937年11月至1945年8月)，

吕思勉避居上海租界，以教学和著述为生，执教于光华大学、沪江大学等，关心时局、支持抗战，撰写了许多文章指导青年治学或提高修养，如《新年与青年》《为什么成人的指导不为青年所接受》等，告诫青年做事须有"弈"（运用理智）和"博"（奋斗的勇气）的精神，凡事要虚心，不可太任气。该文是他以鸳牛为笔名撰写的，指出青年潜心研究学术即是报国，青年研究学术需放大眼光，同时又要有相当的深入。

孤岛青年何以报国 *

吕思勉

蛰居孤岛，倏忽三年了，望烽火之连天，欲奋飞而无路，我们究将何以报国呢？

报国宜于各人站定自己的更位（今作岗位，凡守望者必按时更易，故称更），能就实际有所工作，固然是报国。如其所处的地位，暂时无可藉手，则潜心研究学术，亦不失为报国的一端。这固然是老生常谈，然行易知难，断不容把难的工作反看轻了。

单说研究学术，似乎太空泛了些，我现在，指

★　该文原载于《青年月刊》第 3 卷第 1 期，1940 年。

出青年研究学术应该注意的两点：

其（一）眼光要放大。大不是空廓不着实际之谓，乃是不拘拘于一局部，则对于所专治的学问，更能深通，而出此范围以外，亦不至于冥行摘埴。关于这一点，雷海宗先生的话，可谓实获我心（此篇系《大公报》星期论文，题曰《专家与通人》，今据二十九年四月八日《中美日报》每周论选节录）。他说：

专家的时髦性，可说是今日学术界的最大流弊。学问分门别类，除因人的精力有限以外，乃是为求研究的便利，并非说各门之间，真有深渊相隔。学问全境，就是对于宇宙人生全境的探询与追求。各门各科，不过由各种不同的方向和立场，去研究全部的宇宙和人生而已。人生是整个的，支离破碎之后，就不是真正的人生。为研究的便利，不妨分工，若欲求得彻底的智慧，就必须旁通本门以外的智慧。各种自然科学，对于宇宙的分析，也只有方法与立场的不同，对象都是同一的，大自然界，在自然科学发展史上，凡是有划时代的贡献的人，没有一个是死抱一隅之见的。他们是专家，但又超过专家。他们是通人。这一点，总是为今日的专家与希望作专家的人所忽略。

　　一个科学家，终日在实验室中，与仪器及实验品为伍，此外不知尚有世界，这样一个人，可被社会崇拜为大科学家，但实际并非一个全人，他的精神上的残废，就与足跛耳聋，没有多少分别。再进一步，今日学术的专门化，不限于科。一科之内，往往又分许多细目。例如历史专家，必须为经济史或汉史，甚或某一时代的经济史或汉代某一小段。太专之后，不只对史学以外不感兴味，即对所专以外的部分，也渐疏远，甚至不能了解。此种人本可称为历史专家，但不能算历史家。片断的研究，无论如何重要，对历史真要明了，非注意全局不可。我们时常见到喜欢说话的专家，会发出非常幼稚的议论。他们对于所专的科目，在全部学术中所占的地位，完全不知，所以除所专的范围外，一发言，不是幼稚，就是隔膜。

学术界太专的趋势，与高等教育制度，有密切的关系。今日大学各系的课程，为求专精与研究的美名，舍本逐末。基本的课程，不是根本不设，就是敷衍塞责。而外国大学研究院的大部课程，在我国只有本科的大学内，反而都可找到。学生对本门已感应接不暇，当然难以再求旁通。一般学生，因根基太狭，太薄，真正的精通，既谈不到，广泛的博通，又无从求得。结果，各大学只送出一批一批半生不熟的知识青年。既不能作深刻的专门研究，又不能应付复杂的人生。抗战期间，各部门都感到人才的缺乏。我们所缺乏的人才，主要的不在量而在质。雕虫小技的人才，并不算少，但无论作学问或作事业，所需要的，都是眼光远大的人才。

凡人年到三十，人格就已固定，难望再有彻底的变化。要作学问，二十岁前后，是最重要的关键。此时若对学问兴趣，立下广泛的基础，将来工作无论如何专精，也不至于害精神偏枯病。若在大学期间，就造成一个眼光短浅的学究，将来要作由专而博的工夫，其难真如登天。今日各种学术，都过于复杂深奥，无人能再希望做一个活百科全书的亚里斯多德。但对一门精通一切，对各门略知梗概，仍是学者的最高理想。

这一篇话可谓句句皆如我之所欲言。以我所见，今日的青年，专埋头于极狭窄的范围中，而此外茫无所知的，正不在少。此其原因：（一）由于其生性的谨愿，此等人规模本来太狭，不可不亟以人力补其偏。（二）则由于为现时尊重专家之论所误，读雷君此文，不可不瞿然警醒。（三）亦由迫于生计，亟思学得一技之长，以谋衣食。然（A）一技之长，亦往往与他科有或深或浅的关系。（B）而人也不该只想谋衣食，而不计及做一个完全的人。（C）而且苟能善于支配，求广博的知识和求专门的知识技能，也并不想碍，而且还有裨益。所以现在在校的学生，固应于所专的科目以外，更求广博的知识。即无机会受学校教育的青年，亦当勉力务求博览。学问有人指导，固然省力，实无甚不能无师自通的。现在的学生，所以离不开教师，（甲）正由其所涉的范围太狭，以致关涉他方面的情形，茫然不解。遂非有人为之讲解不可。（乙）亦由其看惯了教科书讲义，要句句看得懂的书，方才能看，肯看，不然就搁起了。如此，天下岂复有可读之书？若其所涉博，则看此书不能懂的，看到别一部书，自然会懂，届时不妨回过来再读这部书，何至于一有不通，全部停顿？须知一章一节，都有先生讲解，在当时自以为懂了，其实还不是真懂的。所以求学的初步，总以博涉为贵，而无师正不必引为大戚，况且现在孤岛上的学校，能支持到几时，根本还不可知呢。难道没有学校，我们就不读书了么？

　　其（二）是治学问要有相当的深入。历史上

有一件故事：汉宣帝是好法家之学的，其儿子元帝，却好儒家之学。据《汉书·元帝纪》说：元帝为太子时，"曾侍燕，从容言：陛下恃刑太深，宜用儒生。宣帝作色曰：汉家自有制度，本以霸王道杂之，奈何纯任德教，用周政乎！且俗儒不达时宜，好是古非今，使人眩于名实，不知所守，安足委任？乃叹曰：乱我家者太子也"。后来元帝即位，汉朝的政治，果自此而废弛。这"使人眩于名实，不知所守"十个字，可谓深中儒家之病。儒家崇尚德化，自系指小国寡民，社会无甚矛盾的时代言之。此时所谓政治，即系社会的公务。为人君者所发的命令，诚能行于其下；而其日常生活，亦为人民所共见共闻，如其持躬整饬，自能使在下的人，相当的感动兴起。有许多越轨的事情，在上者果然一本正经，在下者自然不敢做。因为一本正经的在上者，对于在下者的不正经，必经要加以惩治的，而其惩治亦必有效力。举一个实例：吾乡有某乡董，不好赌。当这乡董受任以前，有一群无赖，年年总是要在该乡中开赌的，差不多已成为惯例了。某乡董受任以后，他们依旧前来请求。拒绝他，是要发生很大的纠纷的。某乡董也就答应了。到开赌之期，某乡董却终日坐在赌场上。一班想赌的人，看见他，都望望然去之，这赌场竟无人来，不及期，只得收歇。古之所谓德化者，大约含有此等成分，而俗儒不察事实，以为所谓德化者，乃系一件神秘的事，不论环境如何，也不必有所作为，只须在深宫之中，阒然自修，就不论远迩，都可受其影响了。还记得中日甲午之战，中国屡战屡败，有两个私塾学生，乘着先生出去，相与研究其原因。甲学生说不上来，乙学生想了俄顷，说道："总还要怪皇帝不好，他为什么不修德呢？"甲学生听了，甚为佩服。这固然是极端的例，然而从前的迂儒，其见解大概是这样的，至多是程度之差，而不是性质之异。此其受病的根原，即在于不察名实，不管眼前的景象如何，书上的学说背景如何，似懂非懂的读了，就无条件的接受了，以为书上具体的办法，就可施于今日了。主张复古的人，至于要恢复井田封建，其主要的原因，就在于此。即不泥于事实而务推求原理，也还是要陷于同样的谬误的。因为原理本是归纳事实而得的，不察事实，就不论怎样不合实际的原理，也会无条件加以接受了。譬如一治一乱，是中国士大夫很普遍的信条，为什么会相信一治一乱，是无可变更的现象；而一盛一衰，遂成为人间世无可弥补的缺陷呢？因为治必须震动恪恭，而他们认人之性是一动一静，紧张之后，必继之以懈弛，因而勤劳之后，必继之以享乐的，而人之所以如此，则实与天道相应，这是从《周易》以来相传下来的观念，可说是中国最高的哲学思想。其实易家此等见解，乃系归纳自然现象而得，根本不能施之于人事。因为人是活的，自然界是死的。即欲推之于人事，亦只能适用于有机体，而不能适用于超机体。个体是有盛衰生死诸现象的，群体何尝有此？目今论者，往往指某民族为少壮，某民族为衰老，其实所谓衰老，只是一种病象罢了。生命既不会断绝，病就总是要痊愈的。生命既无定限，亦没有所谓盛壮及衰老？然则《周易》的哲学，根本是不能用之于社会现象的。而从前的人，却以为其道无不该，正可以说明人事，正应该据之以应付人事，这就是不察名实之过。因为他们根本没有把《易经》的哲学和社会现象校勘一番，以定其合不合，而先就无条件接受了。读旧书到底是有益的，还是有害？这个问题，很难得满意的解答。平心论之，自然是有利有害。但对于先后缓急，却不可不审其次序。对于现在的科学，先已知其大概，然后在常识完备的条件下，了解古书，自然是有益的。若其常识不完备，退化了好几世纪，而还自以为是，那就不免要生今反古，与以耳食无异了。所以我劝青年读书，以先读现在的科学书，而古书且置为缓图为顺序。

我所要告青年的话，暂止于此了。古语说：天道五年一小变，三十年为一大变，所以三十年为一世。这也不是什么天道，不过人事相推相荡，达到一定的期间，自然该有一个变化罢了。民国已经三十年了，希望有一种新气象出来，这新气象，我们不希望其表面化，立刻轰轰烈烈，给大家认识，而只望其植根于青年身上，为他日建功立业之基。

（本文写于一九四〇年）

第 二 编

治学方法

李叔同《艺术谈》（节选）

李叔同《艺术谈》导读

李叔同是学术界公认的通才和奇才，擅书法、工诗词、通丹青、达音律、精金石、善演艺，最早将西方油画、钢琴、话剧等引入国内。该文原载于上海城东女学校刊《女学生》第1期，1910年4月。《女学生》原为小报，创始于1908年，每月初一出版，每期8版，上有"艺术谈"栏目；1910年改为杂志，将以前在"艺术谈"栏目发表过的文章重新辑集在一起，仍以"艺术谈"为专栏连续发表。上海城东女学由杨白民创办于1902年，因杨白民酷爱绘画，该校特设有国画专修科，黄炎培的第一任妻子王纠思、丰子恺的妻子徐力民等皆曾就读于该校。李叔同于1898年戊戌变法失败后避祸上海时结识了杨白民。李叔同1905年秋东渡日本，学习西洋绘画、音乐、戏剧等，杨白民曾利用再度赴日考察的机会与他相聚，此后不断给李叔同寄送上海城东女学的材料，李叔同亦将自己的作品寄给上海城东女学发表。李叔同 1909 年回国后，先是任天津北洋高等工业专门学校图案科主任教员，1912年接受杨白民之邀，任教于上海城东女学，教授文学和音乐。

艺术谈（节选）*

李叔同

科学与艺术之关系

英儒斯宾塞曰："文学美术者，文明之花。"又曰："理学者，手艺之侍女，美术之基础。"可见艺术发达之国，无不根据于科学之发达。科学不发达，艺术未有能发达者也。学科中如理科图画，最宜注重。发展新知识、新技能、新事业，罔不根据于是。是知艺术一部，乃表现人类性灵意识之活泼，照对科学而进行者也。

---

* 该文原载于上海城东女学校刊《女学生》第1期，1940年4月。

美术、工艺之界说

美术、工艺，二者不可并为一谈。美术者，工艺智识所变幻，妙思所结构，而能令人起一种之美感者也。工艺则注意于实科而已。然究其起点，无不注重于画图。即以美术学校论，以预备画图入手，而雕刻图案、金工铸造各大科中，亦仍注重此木炭、毛笔、用器等画。惟图画之注意，一在应用，一在高尚。故工艺之目的，在实技；美术之志趣，在精神。

刺绣

我国刺绣之所以居于劣败之地，其原因有三：（一）习绣者不习画图，故不知若者为章法之美，若者为章法之劣。昧然从事，不加审择。此其一；（二）习绣者不知染丝、染线之法。我国染色丝线，种类不多，于是欲需何色，往往难求。乃妄以他色代之，遂觉于理不合。此其二；（三）不知普通光学。于是阴阳反侧，光线不能辨别，无论圆柱、椭圆、浑圆等物，往往无向背明晦之差，阴阳浅深之别。一望平坦，无半点生活气。此其三。今欲挽救其弊，在使习绣者必习各种图画。知光线最宜辨别，如法施用。若用缺色，用颜料设法自调自染，自不难达绝妙地步。至于绣工，但求像生，似不必再求过于工细。如古时绣件，作者太觉沉闷，且于生理大有妨碍，似可不必学步。观东西洋绣法，不过留意于以上三者，已觉焕然生色矣。

图画之种类

（一）随意画；

（二）临画；

（三）写生画；

（四）速写画；

（五）记忆画；

（六）默写画；

（七）图案画；

（八）自由画；

（九）补笔画；

（十）订正画；

（十一）透写画；

（十二）改作画。

随意画者，初等小学第一学年所用。无论圆方形，随己意也。

临画者，用画本临摹也。

写生画者，或山或水，或花木，描摹形态，有阴阳明暗之别。

速写画者，如偶见某物，用极单简之速笔，摹其形也。

记忆画者，画以前画过者。无论何物，随各人记忆而画出之。

默写画者，如欲画一桃子，教师不即言明，只云有某物，叶形如何，梗形如何，果形如何，使学生默画之。

图案画者，大抵系工业上所应用之花纹，最有实用，宜极力提倡之。

自由画者，令各生自随己意，欲画何物而画之也。

补笔画者，教师画一物，有意少画几笔，使学生补之。

订正画者，教师所画之画形，有意误画之，使学生订正。

透写画者，即印范本而画也。此法不可常用，恐养成依赖性也。

改作画者，如画成不分浓淡之毛笔画，用铅笔改正其阴阳、明暗、反正之形态也。

中西画法之比较

西人之画，以照像片为蓝本，专求形似。中国画以作字为先河，但取神似，而兼言笔法。尝见宋画真迹，无不精妙绝伦。置之西人美术馆，亦应居上乘之列。

中画入手既难，而成就更非易易。自元迄今，称大家者，元则黄、王、倪、吴，明则文、沈、唐、仇、董，国朝则四王及恽、吴，共十五人耳。使中国大家而改习西画，吾决其不三五年，必可比踪彼国之名手。西国名手倘改习中画，吾决其必不能邃臻绝诣。盖凡学中画而能佳者，皆善书之人。试观石田作画，笔笔皆山谷；瓯香作画，笔笔皆登善。以是类推，他可知矣。若不能书而求画似，夫岂易得哉！是以日本习汉画者极多，不但无一大家，即求一大名家而亦不可得，职此之故，中国画亦分远近。惟当其作画之点，必删除目前一段境界，专写远景耳；西画则不同，但将目之所见者，无论远近，一齐画出，聊代一幅风景照片而已。故无作长卷者。余尝戏谓，看手卷画，犹之走马看山。此种画法，为吾国所独具之长，不得以不合画理斥之。

任鸿隽《科学方法讲义》（节选）

任鸿隽《科学方法讲义》导读

任鸿隽毕生心怀科学救国之志，欲以所学"成就一番事业以利国利民"，做事脚踏实地，宣扬科学精神和科学方法亦一丝不苟。任鸿隽于1918年获哥伦比亚大学化学硕士学位后归国，早在回国前他已规划好了一年的行程：回乡探亲，顺道考察西南情势；拜访社会各界名流及朋友；为科学社筹款，组织演讲，宣传科学。因此，他于1918年10月回国后即北上南下，至广州、北京、上海、南通、南京等地游历，积极发表演讲，以了解国情、抒发己见。1919年初他在北京大学论理科发表讲演，该文即是其讲演稿《科学方法讲义》的一部分，原文共六部分，今节选其中第五部分。回四川办实业失败后，任鸿隽于1920年秋应聘任教于北京大学化学系，其后不久转任教育部专门教育司司长，但仅一年多即因教育风潮而辞职，后任职于东南大学、中华教育文化基金董事会、四川大学等。

科学方法讲义（节选）*

任鸿隽

五、科学方法之分析

科学方法既是从搜集事实入手，我们讲科学方法，自然须先讲搜集事实的方法。搜集事实的方法有二，一曰观察，二曰试验。

（1）观察。凡一切目之所接，耳之所听，鼻之所嗅，口之所尝，手之所触皆是。我们对于外界事物能有正确的观念，皆由五官感觉，所以观察为搜

---

* 该文原载于《科学》第 4 卷第 11 期，1919 年 10 月。原标题下有"在北京大学论理科讲演"。后收入《科学通论》时有改动。

集事实第一种利器。但是人人虽有五官感觉，能用这种观察以得正确事实却不容易。上面所引看电影、听炮声诸例，有的是生理上的缺点，有的是物理上的现象，在科学上虽是不可，在常理上尚不能怪人。还有一种单为官觉未经训练，致观察不得正确的。相传化学大家徐塔儿（Stahl）一天到课室去，一手托了一杯碱水，把中指放在水内瞧〔醮〕了一瞧〔醮〕，却把食指放在口内与学生看，叫学生照着他做。学生个个把食指放在碱水内，复又放在口中，自然都疾首蹙额起来。徐塔儿先生才说，我说你们观察不仔细你们不服，你们不见我放在碱水内的是中指，放在口内的是食指吗？这观察事实，是科学方法的第一步。要是观察不正确，不得正确的事实，以后的科学方法就成了筑室沙上，也靠不住了。

（2）试验。试验是观察的一种预备。我们试验的意思，还是要看它生出的结果，不过这种观察在人为的情形之下施行罢了。试验有两种特别的地方：第一，试验可以于天然现象之外增广观察的范围；第二，试验可以人力节制周围之情形，以求所需结果。以第二目的而行试验时，我们有一个规则，道一次只变动一个因子。譬如要试验氧气是否为生命之必要，我们就把一个玻璃钟装满氧气，又用一支蜡烛把钟内的氧气燃尽，然后把一个老鼠放进去。但是这个法子不对，因为钟内虽没有氧气，却还有他种气体，老鼠要是死了，我们何以知其非因他气的存在而死，不是因为氧气之不在而死呢？

试验这事不是容易的，大凡学科学的，平生大半的精力都是消耗在这试验上。学科学的不会行试验，就同学文学的不讲字一样，我们可以说他不是真学者。

有了观察与试验，我们可以假定有正确的事实了。照上面所讲归纳法的大概，有了事实，不是就可以定一假说以求天然现象的通律吗？但是事情没有那样快，中间还有许多步骤要经过的。

（3）分类。有了事实之后，我们须得找出这事实中同异之点，然后就其同处把这些事实分类起来。这分类的一属在科学方法上也极重要，因为要不分类，所有的事实便成了一盘散沙，不相联属。科学是有系统的智识，这有系统的性质就是由分类得来。有些科学，如动物学、植物学等，其重要部分全在分类。即以化学而论，各种元素的分类，也是化学上一个重要的研究；化学中最重要的周期律，也是先有分类而后能发现者。

（4）分析。分类之后，若在简单的事实，我们就可以加以归纳（Generalization）。若是现象复杂一点，还要经过分析的一个手续。分析的意思，是要把一个复杂的现象分为比较简单的一个观念。譬如声音是一个复杂的现象，我们若是分析起来，就有：

第一，发音体之颤动。

第二，颤动之传导于介质。

第三，耳官之受动与音觉之成立。

所以这音的现象，可以分析成"动"与"感"

的两个观念。这两个观念在现在可算最简单不能分析的了，我们分析的功夫可以暂止于此。后来科学进步，或者还可分析，也不定的。

（5）归纳。归纳的作用，不是概括所有的事实，做一个简写的公式，是要由特殊以推到普通，由已知以推到未知。譬如我们看见水热则成气，冷则成冰，有气、液、固三体的现象。又看见水银也有这三种现象。又看许多旁的物件，原来是固体的，加热就成了液体，再热就成了气体（如蜡、糖等皆是）。我们就简直可说，凡世间上的物质，皆可成气、液、固之体，不过是温度和压力的关系罢了。

照这样的归纳，先有事实然后有通则，这通则就是事实里面寻出来的，比那演绎法中间所说——因为重物的位置在下，所以向下坠的说法——迥然不同了。但是科学上这种明了的事体却很少，每每事实的意思还未大明白，我们就要去归纳它。在这个时候，不能说归纳所得的道理就是正确的，所以把所得的结论不叫作确论，叫它作假设。这假设的意思就是心中构成的一个图样，用来解释事实的。

（6）假设。假设的作用，虽然不出一种猜度，但猜度也要有点边际，方才不是瞎猜，所以好假设必要具下三个条件：

第一，必须能发生演绎的推理，并且由推理所得结果可与观察的结果相比较。

第二，必须与所已知为正确的自然律不相抵触。

第三，由假设所推得之结果，必须与观察的事实相合。

何以须有上三条的特性，方为好假设呢？也有几个缘故：

第一，要定假设的对不对，仍须事实上证明。所以有了假设，必须由假设中可以生出许多问题来。这由假设生出的问题，就是演绎的推理。解决这些问题仍旧要用实验，仍旧还是归纳的方法。譬如化学上的元子说，是由定比例之定律及倍数比例之定律两个定律得来的一个假设，有了这个假设，我们就可断定许多的化学变化。又据试验上所得的化学变化，果然相符，我们才说这种假设有可存的价值。要是试验多了，只有相符，没有相忤［牾］的时候，我们简直可把这假设的地位提高起来，叫它作学说（Theory）。要有假设不能演绎出特别的问题来，岂不成了永久的假设？这种永久的假设，有没有是不关紧要的。

第二，因为我们的假设不过是一种猜度，讲到它的价值，自然不能比得已经证确的自然律，所以我们只可拿正确的自然律来做我们的向导，却不能牺牲自然律来就我们的范围。譬如现今有人说鬼可以照相，这个说法非把物理上一切定律推翻，是不通的。

第三，假设原是因为证明或解释事实而设的，若其结果与事实不合，便失其为假设的理由了。

讲到此处，我们可以评论培根的科学方法何以不能成功。因为他过于主张实验，得了事实之后，只去列表分类，求它们的异同，要在异同之中发明一个通则，却不知用假设，由演绎一方面去寻一条捷路。正如运算的，只知加减，不知乘除，遇着 25×25，他便要去加二十五次方得结果。况且有许多通则并不是仅仅分类比较所求得出的。再说上面讲归纳逻辑的时候，曾列举惠韦而、弥勒、觉芬、魏而敦几个人的意见，一个说归纳是把所有的事实概括拢来得一个通则；一个说归纳只是据特例以推到通则，要是特例是靠得住的，就是一个也不为少，特例要是靠不住的，就得多找几个。我们现在晓得研究科学，不是仅把那明白、简单的事实搜集拢来，做一个简写的公式可以了事的，有时现象的意思既不甚明白，事实的搜罗还不甚完备，我们也不能不下一个解释，求一个通则。这种办法，难道就不是归纳，不算科学方法吗？所以我说他们所说，皆各有所当。就现在的科学的情形看起来，他们的话正是各得一端呢。

可是诸君要问，既是现象的意思还不甚明白，事实的搜罗还不甚完备，我们何不留等一等，到那明白完全的时候再去归纳，何必急急忙忙地瞎猜呢？这话我说不对。因为假设的职分，还是在科学方法的里面，并不在科学方法之外。何以故呢？因为有了假设，然后能生出更多的试验，然后能使现象的意思越发明白，事实的搜集越发完备。所以假设这一个步骤，倒是科学上最紧要的。现在科学的方法所以略于极端的实验主义的地方，也就因为有假设这一步可以用点演绎逻辑。

（7）学说与定律。假设经若干证明后，可认为学说，上已说了。学说是经过证明的，所以可引来证明他种现象；假设则只能用为解释，不能为证据。如电解说为现在物理及化学上的重要学说，其所以成为学说，正因化学上的电气当量等实验把个电解说鞏固得颠扑不破。原子说虽然没有什么例外，但总觉得虚渺难测一点，还不算学说的。至定律，乃是由事实中老老实实归纳来的，并不加以丝毫人为的意思。譬如质量不减之定律、能量不减之定律、引力之定律、定比例之定律、倍数比例之定律，皆是直切简明说一个事实，并且是说一个"什么"，并不说是"怎么"。所以论理学上尝说，如问物何以下落，答云因为引力之定律，不算答解，就是因为未说"怎么"的缘故。但是定律虽未说"怎么"，它在科学上却是根本观念，大家不要看轻了它。

假设与学说，既是为研究方便起见拿来解释现象的，所以没有什么一成不变的理由。大天文家恺柏勒研究火星运行，因发明椭圆轨道的学说。但他未得最后的学说以前，已经起了十九个假设，都因与事实不合弃去了。法勒第也说过："书中所有的学说，不过科学家想到的百分之一，其余的许多，都因不合事实，随生随灭了。"这种说话，最可以表科学家的真精神及方法。

科学方法讲到此处，可以略略做一个结束。我们现在且把归纳逻辑和演绎逻辑来比较比较：

第一，归纳逻辑是由事实的研究，演绎逻辑是形式的敷衍。

第二，归纳逻辑是由特例以发现通则，演绎逻辑是由通则以判断特例。

第三，归纳逻辑是步步脚踏实地，演绎逻辑是一面凭虚构造。

第四，归纳逻辑是随时改良进步的，演绎逻辑是一误到底的。

王星拱《什么是科学方法》导读

王星拱是安徽省第一批官费留学生之一，获伦敦理工大学硕士学位。1916年归国后任教于北京大学理学院，讲授化学和科学方法论等课程。他坚定地支持陈独秀、胡适等人，在《新青年》《新潮》《少年中国》等刊物上发表文章，介绍西方科学观念和科学成就，宣传科学精神。他翻译了罗素的《哲学中之科学方法》一书，并撰成《科学方法论》和《科学概论》，其中《科学方法论》1920年由北京大学出版，是近代中国第一部系统说明科学方法论的专著；《科学概论》1930年由商务印书馆出版。王星拱还曾出任安徽大学校长、武汉大学校长、中山大学校长，提倡用科学理性精神办学，注重培育大学精神，备受学界称道。

什么是科学方法 *

王星拱

自孔德提倡实证主义，穆勒实行逻辑革命以来，科学方法之重要，渐渐为公众所承认了。科学方法是什么呢？换一个名字说，就是实质的逻辑。这实质的逻辑，就是制造知识的正当方法。

知识原何而来，本是一个屡经辩论的问题。讨论这个问题的，大约可以分为两派。第一派说：知识是由经验得来的，是后天的；第二派说：知识是由理性得来的，是先天的。这两派所用的逻辑不同；第一派的逻辑是归纳，第二派的逻辑是演绎。

★ 该文原载于《新青年》第 7 卷第 5 号，1920 年 4 月。

我们且先看这两派的意见如何，再看科学家的意见，和这两派有什么不同的地方。

第一派的人说：宇宙之间，每件东西，有每件东西的特点，决没有两个相同的东西。宇宙的全体，就是无数不同的团体集合起来的，并没有什么类，什么定律，可以管理他们。一万个人，有一万个不同的面孔，一万个人，有一万个不同的性质。谁也不能反对谁，因为各有各的道理，各有各的主观，没有两个人真正可以互相了解。所以我们彼此相待遇，应该要持互相容纳的态度，不能强迫人家同自己一样。而且依进化论讲起来，宇宙一层一层的接续不断，往前进行，每层所发见的，都是新的，决不会和已经过去的那一层相同。况且宇宙之进行，既是接续不断的，那已经无层之可分了，不过我们智慧的习惯，把他分成层数，以期便于了解，便于研究罢了。这样看来，宇宙之行为，是没有秩序的，所以我们不能预测将来，即最近的将来，也是不能预测的，这是从异的方面着想，自然有充分的理由。然而宇宙间每个东西，把他分析起来，有无限的性质或表德，可以做我们的参考点。

选择这些参考点之若干保存起来，就是概念；把这些参考点记录下来，就是界说。无论如何相同的两个东西，他俩的参考点，决不能完全都是同的，然而无论如何不同的两个东西，他俩的参考点，决不能完全都是不同的。如果我们所经历的东西，每个都是完全不同的，那就无从构造科学了。但是我们这儿实在是有个科学呀！个体的事实，当然不能抹煞。然而类和定律，是弃其异点，取其同点，构造起来的，是个最经济的方法，不过类和定律，只能做推测的指导，没有能够强纳事实入其范围的道理。科学是能预测的，但是我们不能预先断定：这个预测准到什么地步罢了。这是科学家和这一派不同的地方。

第二派的人说：宇宙间各件东西，都是各有系统相贯串的，宇宙的全体，是一个和一，倘若宇宙的全体，不是和一，则宇宙之各部分，不能互相影响，互相反应了。然而宇宙之各部分，是能互相影响，互相反应的。换一句话说，宇宙是有秩序的，是有系统的。我们只须得了这个秩序系统，就可以推论未知——预测将来，和"割牛得其纹理"一般。这就是因果律的道理。宇宙之间，有一定的因，就有一定的果，万众森罗，形形色色，都有迭相接续的因果关系。所以宇宙之进行，是有定的，是可以为我们所预测的。然而我们有时不能预测将来，又是什么道理呢？这是因为我们所凭藉的张本不能完备的缘故。若是有一个超人，能够观察无限，记忆无限，思想无限，他一定可以广知四海，远知万世，丝毫都不差错的。科学最注重因果律——科学之成立，全靠因果律做脊椎，所以科学家承认宇宙是有定的。但是我们观察，是用我们自己的器官，不是用超人的器官（天眼通　天耳通）；我们推论，是用我们的智慧，不是用超人的智慧。所以我们推论所得的结果，不过是或然的。这样讲法，和意志自由论并不冲突。意志自由论家恐怕：

如果因果律是普遍的真实，则我们的意志，将有"为外境的因所强逼，去愿意我们所不愿意的"的时候，岂不是人类的大苦恼吗？殊不知因果律不过表明一种关系，因不能强逼果，和果不能强迫因一般，不过有个时间的先后罢了。我们的意志，究竟倾向何方，谁能说不受历史和环境的影响？只须我们智慧发达，能够把外界的情境分析得明明白白，让我们自由的权衡轻重，自由的选择途径，就不至于有愿意我们所不愿意的苦恼了。总而言之，宇宙虽是有定的，然而我们预测将来，不能完全是必然的，必得要有试验来证明他。这是科学家和这一派不同的地方。

科学家和这两派既有不同的地方，所以科学所用的制造知识的方法，也不是纯粹的归纳法，也不是纯粹演绎法，他所用的是科学方法。科学方法有什么特点呢？概括起来说，他有五个特点：

一、张本之确切　知识最初的起源，都由于器官的感触，但是在这些感触的时候，有一个智慧的我在里边认识他。这些感触所得的结果，叫做器官的张本。要造好房子须用好砖瓦好材木，要造真实的知识，也必须用真实的张本。我们好多不真实的知识，如神异的知识、玄想的知识，都是由于没有真实的感触张本。科学中的观察，是极其小心的，用各种方法去防备错误，去减少错误，所以科学中的张本是真实的。而且科学中所用的各种仪器，不但可以得真实的张本，而且可以观察得到我们裸体的器官观察所不能到的地方。自望远镜发明，天空里不知添了几多星辰；自显微镜发明，世界上不知添了几多小的东西啊！

二、事实之分析　当我们研究问题的时候，各方面的情境，呈具于我们面前的，淆杂混乱，棼如乱丝。我们必须把他分析到最小的部分，因为从最小的部分里边，易于看得出他的性质。而且如次分析之后，纵有错误，也易于寻觅出来。譬如电学家研究磁力，把他分成力线，力学家研究速率，把他分成微分。宇宙本是个毫无间断的联续，但是我们有认识的需要，所以我们必定把他分析出来。分析是智慧——理性的能事，科学中智慧发达最强，所以科学是擅长于分析的。必定如此分析，我们才能除却神秘的态度，而得个明白的态度。

三、事实之选择　当我们比较繁复的事实而综合，或搜集过去的经验而构造假造的时候，这些事实经验，是无限的。若要从这些事实经验之中，取其有同点的综合起来，成一个定律或理论，不能完全凭藉智慧——理性去决定，是要凭藉我们的直觉去选择。即如科学家做试验去寻因果的关系，也只能首先凭藉直觉去构造几个选择的假定，然后作试验去证明他。但是既是凭藉直觉，就不是方法所能范围的了。不过这个直觉可以培养得来的。我们无论遇着什么问题，都让我们自身有比较事实创造假定的机会，那就可以增加这个直觉能力了。这就是自动教育之原理。

四、推论之合法　经院学派遗传下来的逻辑，都是研究推论如何合法，科学方法还能比他好吗？

然而科学方法，和那普通逻辑有大不同的地方。科学方法和普通逻辑，都注重界说之清晰，都注重概念之确定。但是普通逻辑把这个概念当作具体的，把所推论的对象，和所用以推论的概念，看做同一的东西。科学方法却不然；它把这个概念当作抽象的，凡我们所推论的对象，并不是界说里纯净的假定（把概念用言辞记录下来，就是界说），不过是这个概念的影子，也许有大同小异的地方。例如"人是要死的"，是人的略说；"要死"的观念，是人的概念；我们用这个概念推论某甲，某甲的"人"，和界说里的"人"，并不是同一的东西。所以推论所得的结果，如果能满足一个界说，都是一个新真实。

　　五、试验之证实　科学的知识，不是纯粹经验的记录所能了事的，所以必定有事实之选择，和方法之推论。选择是一种简约的方法，简约必有牺牲之连带，由简约的得来的，并不是真实之本身，如何靠得住是真实呢？而不推论的时候，所推论的东西，和所用以推论的概念，并且是同一的。那么，这推论所得的结果，又如何靠得住是真实呢？所以最后的判断，还靠试验之证实。如果没有试验一层，这个知识制造法，并没有完事，没有"告成"的资格。试问制造半途中止，如何能有良美的出产品呢？

这样看来，知而不行，并不能算做真知。这就是实验派"以实行为思想之一部"之理由。

章炳麟《研究中国文学的途径》导读

1920 年 9 月，章太炎抵达长沙，宣扬他提倡的"联省自治"。其时"联省自治"运动在全国各地风起云涌。湖南因陈宝箴、黄遵宪等人主导的"湖南新政"而颇具自治基础，1920 年 7 月，湖南省长谭延闿发表"还政于民""湘人治湘"的通电。1920 年 11 月，湘军总司令赵恒惕发表通电，发表"联省自治"主张，还在 1922 年元旦正式公布施行《湖南省宪法》。

该文和《论求学》原为章太炎 1920 年 11 月在湖南第一师范的演讲，由夏丏尊记录。该文虽名为"中国文学"，实际指的是中国"古学"，即中国古代学术，包括经学、史学、小学、诸子学等方面。该文指出学与事并不抵触，求学不难，但求学不要有泛滥和过求精密的毛病。

研究中国文学的途径 *

章炳麟

兄弟这次初到湖南。湖南的文化一向是很高的，近来有人提倡新文化，究竟新文化和旧文化应该怎样才得调和？今天预备关于这层来讲讲明白。

湖南本来是一个讲理学的地方，自清初以至道光，理学都很盛。后来出了魏默深等讲汉学，洪、杨以后，汉学渐次发达，可见湖南从前文化上是调和的。

近来有人对于古学，嫌其烦琐。兄弟对于这层也曾很研究，近来学问不能求深，要想像前人的专

---

* 该文原载于《宗圣学报》第 3 卷第 2 册第 25 号，1921年 5 月。

精一种，实在是不可能的事。兄弟最初专攻汉学，不求科举和别的职业，偶然也做过教师，当时对于学问，总求精奥，后来觉得精奥也无甚用，就讲大体，对于前人所未发者，虽然也曾加以发明，但琐碎的是总不讲了。人各有志，愿意专攻那一门，本来很好。至于现在的学校中，科目很多，要讲各科调和，当然就不能专精一门，不过学问的大体却不可不知。不知大体，虽学也等于不学。近来各科教科书都不适当，编书的人对于学问自己也无头绪，不能提纲揭领，专举些琐碎的事。这种教科书，学了有什么用处？有人说中国旧学无用，像这种教书中所讲的学，当然无用。所以做科教师的宜在教科书外指导学生，学生也要自己多方参考，务必要求得学问的大体。

那么大体怎样去求呢？学问的大体，从前却不易求，现在却比较容易。明以前考证很疏，到清代渐渐精密，自然说来也很琐碎。但到了后来，大体却显现出来了。这大体不会错误，我们也容易求得。学校教育不过指示求学的途径，学者第一要懂得大体，琐碎的事学校也不能教，就使学了也没有用。我国古学，举其大者，不过是经、史、小学、诸子几种，现在就这几种来说个研究的途径。

经学家的著作，差不多有四五千卷之多，着手很不容易，但现在却比从前便利了。清代治经，分古文今文两派，不如从前的难得系统。古文是历史，今文是议论，古文家治经，于当时典章制度很明白的确；今文家治理，往往不合古时的典章制度。《周礼》《春秋左传》都是古文学，《诗》和《书》则有古文有今文。但是今文家所说往往与古文情形不对，古文家将经当历史看，能够以治史的法子来治经，就没有纷乱的弊病，经就可治了，这是治经的途径。

再讲读史。学校里读，往往多做空议论，实不得法。古人像吕祖谦、苏氏等也欢喜多做史论，但是不过是为干禄计底，所论于当时的利害并不切当，这是毫无意义的事。我们读史应知大体，全史

三千多卷，现在要人全读，是不可能的事。《资治
通鉴》和《通典》《通考》，却合起来不过六七百
卷，可以读完的，不可不读。这个里面也有许多可
以不读的，如五行、天文等类。用处很少，至于兵
制、官制、食制、地理等重要门类，应该熟览详
考。其余烦琐的事，不考究本不要紧，只讲大体也
不纷烦，这是读史的途径。

小学似非有师指导不能入门的。学问其实关于
小学著作中真可观的书也没有几种，清代讲小学的
人总算是最多，现在的讲法，却有弊病，声音、训
诂、形体，都是小学的部分，近人不重声音、训诂
专讲形体，形体是讲不了的。近来应用的字已达
三千以上的数目，专从形体上去求，实太琐碎，应
该从音训上去学。文字原是言语的符号，未有文字
以前，却已有了言语，这是一定的道理，不会错
的。凡声相近的，义也相近，譬如"天，颠也"。
人身最高部是颠，天也是最高部，所以音义也相
近。这样去讲求，就能得着系统。得了系统，就可

以卸烦。对于很复杂的文字，不求了解他的根原，专从形体上去讲求，既觉得纷烦而且无实用，这是小学的途径。

诸子在昔是九流，现在却不止九流了。这当中也有相通之理，原来我国的诸子学，就是现在西洋的所谓哲学。中国哲学有特别的根本，外国哲学是从物质发生的，譬如古代希腊、印度的哲学，都以地、火、水、风为万物的原始。外国哲学注重物质，所以很精的；中国哲学是从人事发生的，中国最古的哲学就是《易经》。《易经》中所讲的都是人事，八卦无非是他的表象罢了。后面出来底，如老子、孔子也着重在人事，于物质是很疏的。人事原是幻变不定的，中国哲学从人事出发，所以有应变的长处，但是短处却在不甚确实，这是中外不同的地方。于造就人才上，中胜于西，西洋哲学虽然从物质发生，但是到得程度高了，也就没有物质可以实验，也就是没有实用，不过理想高超罢了。中国哲学由人事发生，人事是心造的，所以可从心实

验。心是人人皆有的，但是心不能用理想去求，非
自己实验不可。中国哲学就使到了高度，仍可用理
学家验心的方法来实验，不像西洋哲学始可实验，
终不可实验，这是中胜于西的地方。印度哲学也如
是，我从前倾倒佛法，鄙薄孔子、老、庄，后来觉
得这个见解错误，佛、孔、老、庄所讲的虽都是
心，但是孔子、老、庄所讲的究竟不如佛的不切人
事。孔子、老、庄自己相较也有这样情形，老、庄
虽高妙，究竟不如孔子的有法度可寻，有一定的做
法，那么孔子可以佩服，宋儒不可佩服了吗？这
却不然。宋儒也有考据学，不过因时代不同罢了。
程、朱、陆、王互相争轧，其实各有各的用处。阳
明学说言而即行，适于用兵；朱子一派自然浅薄，
但是富当地方官做做绅士，却很有用；程明道、陈
白沙于两派都不同，气象好像老、庄，于为君很适
当。这三派易地俱败，以阳明学说去行政治，就
成了专制；以朱子学说去用兵，就有犹豫不决的弊
病；以明道、白沙两学说去做地方官和绅士，就觉

得大而无当。据《汉书》上说，九流都是出于官的，那一官应该用那一流，原是各有用处。后来这种学问由官而民，各人都以自己的所志发为学说。阳明自幼就喜欢谈兵，性情应机立断，就成了这样的学说；明道、白沙气象阔大，好像一个元首，他的学说也就有这样态度；朱子是好像欢喜做地方官、绅士的，一切都很谨慎，他的学说也有谨慎的样子。我们自己欢喜做那样的人，就去学那一派，不必随着前人争论的，这是诸子学的途径。

中国学问中最要紧的就是这几种，此外虽然还有许多门类，但不是切要的。能照上面所讲的做去，就可晓得中国的学问并非无用的。近来有人说中国学问无用，却不足怪，因为他们并不曾有系统的研究，于中国学问当然茫无头绪。倘然茫无头绪去做，就是多读书也本来没有的。今天所讲真是应急法，若在百年前、五十年以前，却不应该这样讲，但是现在却不得不这样讲，因为已经很急了。诸君中想不乏早明白这些道理的人，请印证吾言。

钱基博《中国古代学者治学的方法》导读

　　钱基博是钱锺书的父亲，终生勤学不辍，学问渊博，自称"基博论学，务为浩博无涯涘，诘经谭史，旁涉百家，抉摘利病，发其闻奥"。钱基博曾任教于无锡县立第一小学、圣约翰大学、清华大学、光华大学、浙江大学、华中大学等，诲人不倦，不断总结自己的治学经验，从门径上指点学生，注重培养其治学方法、训练其治学能力。钱基博 1917 年秋至江苏省立第三师范学校任国文教员兼教授读经课，1923 年上半年邀请钱穆至该校任教，1923 年秋他转而任教于上海圣约翰大学国文系，但仍教授江苏省立第三师范学校四年级课程，遂每周往返于上海与无锡之间直至该班毕业。该文即是钱基博在江苏省立第三师范学校的国学演讲稿。

钱基博以弘扬中华文化为毕业职志，趋旧但不避新知。他在该文中考察了老子"超象而观玄""执古以御今"的治学方法，孔子"温故而知新""多学而贯一"的治学方法，指出读书不仅要有客观的外证工夫，还要有"切己体察"的"主观的读书法"，其中"己"有"空间之己"和"时间之己"，即必得考虑时空因素，既反对一般"西洋化"者把西洋的一切制度文物硬搬来中国，也反对国粹老先生欢喜讲唐虞三代等复古之学。

中国古代学者治学的方法＊

钱基博

　　我们无论做什么一件事，在没有做以前，第一步就是想用什么方法去做才好。现在我们谈到研究国学，自然也就想到用什么方法去研究才好。有人主张用西洋的科学方法，来研究国学，自然给我们许多便利。不过西洋的科学方法，太重客观，适于唯物的研究；而我们国学有时须用着唯心的悟证，万非客观的科学方法所能研究得尽。所以我现在讲中国古代学者治学的方法，也许可以给我们一个参考。

＊　该文原载于《南通报・文艺附刊》1925 年 3 月 3 日、
　　5 日、7 日、9 日、11 日。

钱基博《中国古代学者治学的方法》

　　中国古代学者很多，然而治学的方法，还不过那几种。我现在想把老子、孔子、汉儒、宋儒做代表，其余的也就可略而勿论了。孔子问礼老子，老子当然要算古代学者中一个最老的老辈，我就从老子讲起。老子《道德经》五千言，不过要说明这个"常有常无"的道，并没有明提方法论。不过老子要叫读者体认这个"道"，自然就得想一个体认的方法。据我就他的书看，老子的治学方法有二种。

　　第一种是"超象而观玄"。这句话怎样讲呢？他第十四章说："视之不见，名曰夷；听之不闻，名曰希，抟之不得，名曰微。此三者不可致诘，故混而为一。其上不皦，其下不昧。绳绳不可名，复归于无物。是谓无状之状，无物之象，是谓恍惚。"这一段话，就是说这个"无状之状，无物之象""恍惚"的道，是其上不皦，其下不昧，视不见，听不闻，抟不得，不可以唯物的客观方法去体认他。那末，怎样才能去体认他呢？他在第一章里说："常无欲以观其妙，常有欲以观其徼。此两者同出而异名。同谓之玄，玄之又玄，众妙之门。"
这个"玄"就是"恍惚"。若有见谓之"恍"，卒
无见谓之"惚"。因为这个道，不曒不昧，无状无
物，所以是"惚"。然而吾们倘使竟当他"惚"看
罢，他却无状中间隐约有个状，无物中间隐约有个
象，所以是"恍"。惟恍惟惚，不可名言，就叫做
"玄"。他在第二十一章里，又说："道之为物，惟
恍惟惚。惚兮恍兮，其中有象。恍兮惚兮，其中有
物。窈兮冥兮，其中有精。其精甚真，其中有信。"
这一段话，就是说"道"竟作"惚"看罢？他却
"恍兮其中有象"，所以我们就得"有以观其徼"。
"徼"者究竟之意，观到有的究竟，就知这个"恍
若有见"的象，还是幻象，不可信。我们真正要体
认"道"，还得从"惚兮"中间去体认；你不要认
为这个惚兮的物，是窈茫无凭。须知冥冥之中，自
有精在。能够体认这个精，方才"其精甚真，其中
有信"，方才算得"微妙玄通"，这就是"无以观其
妙"。要而言之，我们要体认"惟恍惟惚"的道，

非得"超乎象外"才能"微妙玄通"。这是治玄学的唯一方法。后来宋儒讲心性之学，还是用老子这个"超象而观玄"的方法。

第二种是"执古以御今"。老子是柱下史，又享高年，所以他的得道，完全从研究古史中出来。他说："执古之道以御今之有。能知古始，是谓道纪。"这几句话是老子发挥历史学的大用。然则什么叫做"古"呢？古就是一时一日一月一岁的今慢慢儿积起来。没有今，那有什么古可稽？所以我们尽管"信而好古"，总不可忽略这个"今"。所以说"执古之道以御今之有"。"今"是"古"的连续。我们今日受的种种果报，安知不是古人造的因？"能知古始"，就是解决现代人生问题的一个探本穷源的办法。所以说"能知古始，是谓道纪"。

以上是讲老子的治学方法。孔子问礼老子，自然受老子影响不少。孔子的治学方法，就《论语》归纳起来，也得两种。

第一种是"温故而知新"。他说："温故而知新，可以为师矣。"温故怎样能知新呢？《论语》载："子张问十世可知也，子曰：殷因于夏礼，所损益可知也；周因于殷礼，所损益可知也。其或继周者虽百世可知也。"这是孔门"温故而知新"的一个好例，刘逢禄《论语述何篇》说："故，古也。六经皆述古昔称先王者也。知新谓通其大义以斟酌后世之制作。汉初经师皆是也。"照此看来，孔子"温故而知新"，在老子嘴里，就是"执古以御今"。西汉今文家欢喜通经致用，要想把《禹贡》治河，《洪范》察变，《春秋》决狱，《三百五篇》当谏官，就是实行"执古之道以御今之有"。不过执古不化，不像孔子殷因周因，随时损益，就有许多行不过。王充《论衡》里道得好："知古不知今，谓之陆沉。知今不知古，谓知盲瞽。温故知新，可以为师。古今不知，称师如何？"西汉今文诸师，要想通经致用，只算"知古不知今，谓之陆沉"罢了。孔颖达《礼记述》："博物通人，知今温古，考前代之宪章，参当时之得失。"这是温古而知新的一种正解。

第二种是"多学而贯一"。这种功夫，差不多就是西洋哲家所常用的一种归纳方法。孔子说："博学于文，约之以礼。"他的高弟颜回赞自己的先生也说："夫子循循然善诱人，博我以文，约我以礼。"什么叫做礼呢？孟子道得好："礼之实节文斯二者。"照他上文说，就是因人心之仁义而为之品秩，使各得其叙，叫做"礼"。所谓"博学于文，约之以礼"，只是把博文所得到的学问，观其会通，归纳出一个条理。子贡竟当孔子是一个"多学而识"的学者。他的见解，就没有颜回来的高明，知道他的先生博文而后，还要做一番约礼的功夫。所以孔子就提醒他，说道："非也，予一以贯之。"以上是讲孔子的治学方法。不过孔子的两种治学方法，都是"形而下之谓器"的工夫。如果真正讲到"形而上之谓道"的功夫，还得用老子"超象而观玄"的方法。所以子贡说："夫子之文章，可得而闻；夫子之言性与天道，不可得而闻。"就是这个道理。

到了汉朝而后，学者除掉书本，没有学问。所以胡适之讲清代学者治学的方法，很赞他有科学精神。其实清代称作朴学的文字、训诂、校勘、考订四部，还不过是做读书的工夫。不过一样做读书的工夫，汉儒重客观的外证，宋儒重主观的内证。现在一般新汉学家，要想应用西洋的科学精神来读书，自然主张做客观的外证功夫。有人问我意见怎样，我说：不错！现在一般新汉学家，提倡客观读书法，我很赞成。不过我还有句话要问："你为什么要读书？"这个人茫然不知所对。我就对他说：读书者，并不是为有了书要读，是为我自家受用要读。如果读书的工夫仅仅做到"客观的读书"而住，这个读书的究竟目的就没有达到。倘使说，古人费了心著书，我们不可辜负他，所以去读。我觉得对于古人，没有负这等义务。既然如此，就是"读书要我自家受用"。这个主观的读书功夫，那可不讲？所以我讲到读书法，就是主张：读书第一步，须用客观的外证工夫；再进一步，就要讲到

"主观的读书法"。

倘使第一步读书的工夫做到，不想进一步做"主观的读书"功夫，这个读书的究竟目的就没有达到，就是读书没有澈底。就使读书有得，所得的也不过是物——训诂章句之末，没有内证之心；所谓"外铄我也，非求自得者也"，汉儒是也。倘使第一步"客观的读书"功夫没有做，就要做第二步"主观"的功夫，这个就叫"躐等"。这等人的读书意见，就是武断，就是以我诬古人。宋儒往往犯此毛病。不过宋儒读书，最重"切己体察"——主观的读书法。这个切己体察的工夫，我觉得现在很要紧。

讲到"切己体察"四字，须晓得这个"己"有"空间之己"，有"时间之己"。据我看现在许多人读书，有的没有切定自家这个"空间之己"去体察，有的没有知道切定"时间之己"去体察。就像一般"西洋化"者，读了许多西洋学者的著作，觉得西洋制度文物色色比中国好。是不错！不过要把西洋的一切制度文物硬搬来中国做，就不成功了！为什么呢？就是因为他忘记了自家这个"空间之己"，是"东洋大海中国之己"，不是"西洋之己"。但知道西洋的制度文物好，而没有切定这个"东洋大海中国之己"下一番体察功夫的缘故。又像一般国粹老先生欢喜讲唐虞三代，甚至说"忠君就是爱国"，要想复辟。我们看似好笑，他却自以为不错。这是什么缘故呢？就是因为他忘记了自家这个"时间之己"不是"唐虞三代之己"，也不是"汉唐宋元明清之己"，是"中华民国纪元以后之己"，而没有切定这个"时间之己"体察一番缘故。这两等人，我说心地皆不坏，只是他读书没有知道"切己体察"——主观的读书法，所以就不免"生于其心，害于其政；发于其政，害于其事"！

自宋以后学者治学的方法，算清儒考据之学，最重客观的外证。胡适之在他《清代学者治学的方法》这篇文章里说："清代学者治学的方法，总括起来只是两点：一大胆的假说，二小心的求证。由

几个同类的例引起一个假设，再求一些同类的例去
证明那个假设是否真能成立，饶有科学的价值。"
发挥宋以后学者治学的方法，再没有像胡适之这篇
文章透辟的了。然而讲到实在，还是孔子"多学而
贯一"的一种精神，不过偏于物观的研究罢了。他
的原文具在，我也不详细再引了。

梁启超《与清华研究院同学谈话记》导读

梁启超与清华关系密切，早在 1914 年 11 月底即曾借住在清华西工字厅"假馆著书"，约 10 个月撰成《欧洲战役史论》。从 1920 年 12 月 2 日起，他开始在清华连续演讲 50 多次。至 1922 年 2 月，他被正式聘为清华学校讲师。1925 年 4 月，他与王国维、赵元任及陈寅恪被正式聘为清华研究院教授。1925 年 9 月 9 日清华研究院正式开学后，梁启超与王国维主要负责日常教学与研究。若论年龄及社会影响，梁启超均先于王国维，但他极为推崇王国维，在研究院导师的排名中亦将自己置于王国维之后。但鉴于王国维性情内敛寡言，"性好动"且"富于领导力"的梁启超实际上成了清华研究院的主要负责人，不仅关注学校董事会的组成、校长的资格和条件、校训的制定，而且悉心考量某门课程的安排。

该文与下文《指导之方针及选择研究题目之商榷》是梁启超于 1925 年 9 月 11 日、9 月 13 日与同学们的谈话和讲演，提出清华研究院的目的是养成大学者，要求同学们有做学问的能力和做学问的良好习惯，即要培养自己具有"明敏、密察、别裁、通方"的能力和"忠实、深切、敬慎、不倦"的习惯，并具体而微地指出了设计研究题目的若干原则。

与清华研究院同学谈话记 ★

梁启超

连日与诸君讨论研究题目，虽未确定，已能略见大概，均各有相当价值。至以后研究方针，有为诸君所应共同了解者，须为诸君言之。以不能与诸君一一面谈，故举行此会。下述意见，曾商之王先生静安，亦颇以为然，故此会即不能代表教授团意见，至少亦可代表王先生意见。

现诸君所选择之研究题，无论单篇成帙，若能

★ 该文是梁启超于 1925 年 9 月 11 日下午 3 点半在清华研究院第五研究室与同学们的谈话记录，原载于《清华周刊》24 卷 3 号，1925 年 9 月 25 日。

告成，均可为有价值之著作。但余以为研究之方法，并不限于一题目一论文而已，此外更有一条路在，即专读一书。昨日诸君选择研究题时，仅某君于研究题目外，更读《韩非子》一书，余则未之见。此或为诸君所未注意，或以此法为不适用，故今略述之。

汉人有专经之学，后世学问范围日广，则或专一史，或专一子，乃至或专任何书，皆可以名其家。今代学术之多，虽又非昔比，然此法尚依然适用，所以者何，因其书有被选专读之价值者，必其内容极丰富，可以从种种方面用种种方法研究而各有所得。例如经部之《诗经》《书经》《左传》《周礼》等，子部之《老子》《墨子》《庄子》《荀子》《韩非》等，史部之《史记》《汉书》，小学之《说文》等。此等书，经前人读过者，不知几千百万人，苟能善读，则各人必有其心得。今日治学方法，经先辈发明者日益多，复有西来之科学方法为之助，我辈若能应用之，以读有价值之古书，其所得必甚多，可断言也。

专精一书之所得，有主产物，有副产物。例如以研究春秋时代史而读《左传》，其研究所得，则主产物也。春秋时代史，固饶有专精研究之价值，欲研究之，舍《左传》末由，专就此一点论，主产物之收获，已可谓极丰富矣。然苟能专精《左传》，则其所得，必不止此。试取顾栋高《春秋大事表》读之，已可见其溢出寻常史家研究之范围者，不知几几。吾侪用今法而广其意，例如或研究春秋以前之社会状况，或研究春秋时代民族心理，哲学思想之类，皆可得莫大之收获，此所谓副产物也。又如读《荀子》以了解荀卿学术之全部之真相为目的，所谓主产物也。然苟能精读《荀子》，则因其书中对于当时代诸家学说所征引，所批评，可以并了解诸家学说，最少亦引起研究诸家学说之兴味，此一种副产物也。因书中所言礼制以了解古代社会状况，又一副产物也。因其文意稍艰深，读通之可以了解若干之古训，及古代文法。又一副产物也。诸如此类，不胜胪举。又如读《说文》以研究文字学为目的，此主产物也。研究文字学固舍《说文》末由也。然苟能善读之，则推原造字之意，以研究有史以前之社会状况，及民族心理，妙义环生，不知纪极，此其副产也。略举三书为例，他可类推。凡专读一名著，即其主产物，已受用下尽，况更有无数之副产耶。

或疑专书研究，偏于守约，有妨博通。其实不然，学问之道，固有专通与博通之两种。例如非了解周秦各家学说，不能了解《荀子》，此博通之说也。然非对于诸子为各别的了解，则亦不能了解诸子之各部。甲自任为"荀子通"之学者，乙丙丁自任为"墨子通""老子通""韩子通"之学者，所谓专通也，乃正所以为通也，不专荀子而欲求为"荀子通"难矣。

或疑吾侪抱远志以来负笈，而结果乃仅读一二书，所得毋乃太俭，此种见解实太谬。设研究院之本意，非欲诸君在此一年中即研究出莫大之成果也；目的乃专欲诸君在此得若干治学方法耳。治学方法，举一反三，能善读一书，即能用其法以读他书。能善治工学，即能用其法以治他学。诸君若能以专精一书为研究，而因以学得最精密最经济的读书法，吾以为所得，固已多矣。

我辈从前读书，无人指导。大抵抱一书死读，左冲右撞，在荆棘中寻出大路来，此种读法，往往枉费工夫，得不偿劳。然学问皆从阅历甘苦而来，其有之于己者甚固：一生受用不尽，虽笨法而实亦善法也。自学校教育勃兴以来，在校青年，无余日以从事此种笨法，且以不愿。得智识太易，故所得亦浅薄，而坚实发展之余地亦日少。若能于学校"装罐头的"生活终了之后，用一二年之力，学我辈笨法，其有助于将来学问基础者实不少。此本院所以主张于论文或研究之外，更兼取专书研究之一涂径也。

至于论文式研究，则择题之法，不可犯下列诸弊。

第一空泛之弊　题目有过于理论的，用演绎式的。如先用原则而推论之批评，则纯出个人之主张矣。研究似以先有客观材料：而以无成见地判断出之为佳。故太宽泛而专靠推论者少选。

第二太大之弊　诸君选题，有为终身事业或四五年始能毕事者。夫研究一题，自不能限定一年毕业为准，但亦不可太大，使教授无从指导。如中国文学史，中国教育史等均患此病。与其大而难成，孰若其小而能精。盖往往题目，视之甚小，而为之亦匪易易。例如陈先生寅恪所示古代碑志与外族有关系者之类，此种题目虽小，但对于内容非完全了解，将其各种隐僻材料，搜检靡遗，固不易下手也。题目太大，固可一步步分开来做，然颇费时日。余意以为与其择一繁重之题，积年不完毕，不如择小题研究完毕再研究一题之为愈也。

且研究题目太大，不特研究时感觉上述之困难，亦且受物质上之打击。如书籍缺乏，有因而停止其工作者，以是而趣味亦尽。故诸君择题须择定可以从一本书中得基本材料之题，然后研究之时，不致棘手。否则如某君所择之《诗经》研究，参考书列至千余种，固无从骤得，即得之一年中又安能尽读。又如某君研究中国海运史，试问如中国旧籍中得觅此种材料，何等困难。本院草创伊始，在此短时期内，于书籍一端，仓卒亦不易得，深望诸君于此点亦能加以注意。

总之，本院目的，在养成诸君研究学问方法，以长期见面机会，而加以指导。此外更重矫正从前之习惯，新出学校者之著作，大都由听讲而来。例如论文研究，或有甚佳之著作，但均由他人处得来，而非自己心得所出。在评阅者亦穷于应付。本院力矫斯弊，务期诸君必于此种学问，真能费若干时间，下一番苦功，不嫌麻烦呆板而进行之。关于选择论题之方法，他日当更为诸君作一度之商榷焉。

研究院规定年限，本可延长。但各人境遇不同，能否多利用此种机会，殊难逆料。但吾侪总须体念国家费此巨款，切不可空洞过去，仍然一无所得。即自己方面，亦须加以顾虑，一事不成，毫无所得，终至废然而返，毋乃太不经济。

至于研究指导，即不在个人范围之下者，亦可尽力襄助。教授方面，以王静安先生为最难得，其专精之学，在今日几称绝学。而其所谦称为未尝研究者，亦且高我十倍。我于学问未尝有一精深之研究，盖门类过多，时间又少故也。王先生则不然。先生方面亦不少，但时间则较我为多。加以脑筋灵敏，精神忠实，方法精明，而一方面自己又极谦虚，此诚国内有数之学者。故我个人亦深以得与先生共处为幸，尤愿诸君向学亲师，匆失此机会也。

又本院为新出之机关，吾人当用十分努力发挥而光大之，鄙意以此后应出一种刊物，季刊或年刊，每年至少须有二期。诸君须猛勇从事，以观其成焉。

指导之方针及选择研究题目
之商榷（节选）＊

梁启超

前几天与诸君讨论研究方法，我们提出专治一经，这不过是一种辅助的方法，并不是独一无二、非此不可的。近来与诸君谈话觉得所选题目，往往过于宽泛，很难指导，所以我今天挑出这个题目，向诸君说说，使得大家有一个共同的标准。

＊ 该文是梁启超于 1925 年 9 月 13 日在清华国学研究院的讲演稿，由周传儒记录，原载于《清华周刊》第 24 卷第 4、5 号，1925 年 10 月 2 日、9 日。

梁启超《指导之方针及选择研究题目之商榷》（节选）

甲、指导之方针

研究院的目的，是在养成大学者，但是大学者不是很快很短的时间所能养成的。古今中外的大学者，大致以四十岁以前为预备时代；所有著作皆在四十岁以后。文学家、兵家、艺术家纯靠天才可以希望早成；所以有人说学围棋要成国手，须在十七岁以前，十七岁还没有学好，以后就很难学好了。至于大学者，不单靠天才，还要靠修养，如果用科学的方法来研究，并且要得精深结论，必须有相当的时间，并受种种磨炼，使其治学的方法与治学的兴味，都经种种的训练陶冶，才可以使学问成就。所以研究院的志愿，虽在养成大学者，然绝对不敢希望速成。大发明、大贡献，皆在将来，立刻就要成功，那是我们不敢妄想的。

在研究中，必须做到的有两件事：

（一）养成做学问的能力。

（二）养成做学问的良好习惯。

能力方面：

（A）明敏　眼光异常敏锐，就是古人所说的读书得间。一般人看来不成问题的，自己可以发生问题，能够发生问题，即做学问的起点；若凡事不成问题，那便无学问可言了。苹果落地，本来是一个不成问题的事实，牛顿加以怀疑，遂发明万有引力的原理；开水壶盖冲脱，也是一个不成问题的事实，瓦特加以研究，遂发明蒸汽机关。读书亦是做学问的一方面，所有发明创造，皆由发生问题得来。如何才可以磨炼得眼光快、脑筋快，刁钻古怪，凡别人注意不到的地方，自己都怀疑研究，这是做学问的第一步。

（B）密察　就是《中庸》所谓文理密察，不轻忘，不凿空，仔细观察，并且要晓得如何观察的方法，心思缜密，一点不粗索，一点不苟且。每一问题发生，就搜集材料，不断观察，务求周密，务求圆到，这是做学问的第二步。

梁启超《指导之方针及选择研究题目之商榷》（节选）

（C）别裁　做学问，首先怕没有资料，资料太多，又怕无法驾驭。所谓别裁的意思，即在辨别真伪，辨别有无，辨别主要与次要。若无去取抓梳的能力，那么，满桌材料，皆成瓦砾了。别裁以后，贵在综理。古人说读书如一屋散钱，要如何设法贯穿，始可以供我们的应用。别裁好比绳索，资料好比散钱，用一根绳索把散钱贯穿起来，这是做学问的第三步。

（D）通方　观察一种事物，要彻表彻里，彻始彻终，这就叫作通方。通方，是做学问的最后一步，别裁能力，非要到通方的境地不可。一个问题或现象，可以分作内外两面观察，首先，要问题或现象的内容全部清楚；（如牛顿发明引力，至少对于数学全部了解。）其次，要问题或现象的外圈，就是周围有关系的事物全部清楚。前面的可以叫作本通，后面的可以叫作旁通，本通旁通都彻底以后，才不至于偏陋拘虚，好像庄子所说的一区之见。

上述四种，可以说是做学问必需的能力，而且是万不可少的，但是此种能力，在短时间中不易得，尤非经严格训练以后不可得。不过只要一面自己肯受这种训练，一面又自己训练自己，无论如何，必有相当的成功。我们在研究院时间很短，希望于此短时间中，帮助诸君，养成良好能力。

习惯方面：

（A）忠实　但凡不肯忠实，必定一事无成。学问上的不忠实，无如剿说与盲从。绝对不用自己的脑筋思想，一味听人指使，这叫着盲从；自己并无心得，随便以古人所说，改头换面，这叫做剿说。这两种都是做学问的大忌，简直是学术界的蟊贼，若些微有点此种坏习惯，简直把终身都糟蹋了。

（B）深切　做学问还有两种弊病，就是肤阔与笼统，各种科目似乎都懂得一点皮毛，其实全不彻底。对于一切现象，好像隔着几层窗纱观物，模模糊糊，看不清楚，肤阔就是不着边际，笼统就是

梁启超《指导之方针及选择研究题目之商榷》（节选）

不分明；对于外部，无明白的界限，对于内部，无清楚的间隔。这种毛病，在从前科举时代最多，譬如对空策，读书人十之七八，皆以此为猎取功名的利器。现在学校里，尤其是国文、历史等科，最易养成一种无边际、不明了、模模糊糊的观念。我们应当设法改正，不要强不知以为知，不要以半解为全知，不做则已，要做就须深切，就须彻底。

（C）敬慎　敬慎是做学问很重要一个条件，不敬慎便流为武断，武断是做学问所最忌讳的。得了一个孤证，而且是未见靠得住的孤证，就随便主张下去，或者对于客观事物，一点不明了，就鲁莽妄下断语，都是不敬慎。判断是非，评定真伪，万不可鲁莽从事。又有一种人喜欢做翻案，出风头，其末流必至于尖酸刻薄，这也是犯不得的。还有一种人，护短护前，明明看见最初的假定靠不住，但是因为费了许多心血，割舍不下，于是支离牵强，曲为附会，现今比较有名的学者大多犯此毛病，其结果则使学问陷于歧路，这也是亟当改正的。

（D）不倦 《论语》说"居之无倦，行之以忠"，这也是应当养成的习惯。所谓不倦，有两种意义：一是耐烦，在搜集资料时，不嫌麻烦，在比较资料时，不惜工夫；虽是极小的问题，一样的全副精神对付，并且不认为小题大做。好像达尔文养鸽子，每天得看管观察历一二十年，一点不厌倦。二是持久，所有大学者，皆在中年以后，大致以四十至七十，为著作成熟时期，要是没有老而不衰的精神，其著述哪里会成功呢！譬如两个人，一个早达，一个晚成，早达的到三四十岁后就搁笔，晚成的四十以后，仍然继续钻研，其结果则晚成的胜利，早达的失败。现在的青年，大抵在大学毕业，或者留学回来以后，学问就算终了，教书的人，还肯对付功课；不当教员的人，连书都不翻，这是一种很可悲观的现象。惟一的原因，就是研究学问时代未先养成良好习惯。要得发生兴味，第一要有相当时间以为练习，第二要深入其中，甘苦备尝。假使未与结缘，或者结缘不深，则日久生厌了。

梁启超《指导之方针及选择研究题目之商榷》（节选）

　　上述四种良好习惯，非养成不可，反方面的坏习惯，非去掉不可。养成能力，即是磨炼才智，养成习惯，即是陶冶德性。我们所谓学者，不是指书呆子。要做学问，固然须得养成真实能力，良好习惯，就是做事方面，此种能力与习惯，也是不可少的。研究院的表面目的，固在养成著作家及教育家，但是骨子里还需要有做社会上领袖人物必须备的能力与习惯，此种能力与习惯，在本院中就用读书与做论文的方法来养成。假使在研究院住上一年、二年或者三年，经过一番磨练涵养，比较从前弊病减少，能力增加，这就算成功了。离校以后，具有此项本钱，无论读书亦可，做事亦可。否则纵然功课很好，论文很好，但是将来做学问做事的本钱，一点没有得到，这种小成就，有限得很，实在没有什么重要。研究院诸君，应当抱定宗旨，不望在院内有什么著作的成就，而在有做学问的预备。

乙、选择研究题目之商榷

在未选择题目以前，先定下几种原则，合乎这几种原则的就选，不合这几种原则的就不选。我所拟的原则如下：

（一）有范围，而且范围不宜太大。在牌告上已经公布的题目中，陈寅恪先生的题目，比较明了，我自己的题目，最是宽泛。诸君选择题目，不可太大，大了无法指导，并且容易犯空疏笼统的毛病。题目范围要明了，要狭小，最大限度，也需一年之内，能够彻底研究终了的。

（二）须有相当丰富材料。古人说长袖善舞，多财善贾，如果材料丰富，可以用很小的劳力收很大的效果，并且容易引起兴味。若是证据短少，材料缺乏，或须求之于地下，或须求之于远方，都是耗时费事，并且用力不讨好，这种题目最不相宜。

（三）材料虽有，要用相当劳力，始能搜集。太便易，太捡现成，不足以训练才智，也不足以陶冶习惯。时常这样贪图现成，日子久了，必定畏难苟安，学问必无所成，就有成也不能深造。

（四）材料要比较的容易寻求。做学问贵在善于利用材料，不一定图书丰富，才可以做学问；就单有一部十三经，单有一部二十四史，这也足够我们研究了。譬如善烹调的人，不只会烹调燕窠鱼翅，仅有小菜、有香料，也可以烹调得很好。不怕图书简陋，材料缺乏，我们可以用种种方法，得到良好结果。

（五）题目须前人所未做，或前人做得不满意，亟须改做。研究前人已经研究过的题目，容易受他人束缚，纵然费了九牛二虎的气力，不过做一点补缀改正的功夫。往往一个问题经前代大师考订过后，我们简直没有插嘴的余地了。并且利用他人材料，自己不去搜集，磨练不了自己的能力。

（六）题目须能照顾各方面。选择一个题目，最好要对于搜集、判断、组织三方面，俱有训练的机会。这个题目做了，我们的能力习惯都得着顶好的训练，再研究别的问题时，那便异常容易了。或者多做几个题目，一个训练搜集，一个训练判断，一个训练组织，这样一项一项的来也可以。

根据上面所述的方针及原则，拟出若干题目，以为示例。有写得很详细的，有写的很简略的，这是因为一时的方便，没有别的意思。其没有指出范围及参考书的几个题目，无论是谁，高兴研究，可以依照写出来了的方法，自行编制。

……

傅斯年《史料论略》（节选）

傅斯年《史料论略》导读

    傅斯年于 1928 年创办了中央研究院历史语言研究所（简称"史语所"），领导开创了我国现代考古学、语言学、人类学等学科，并推动这些学科迅速走向世界。受乾嘉朴学、王国维"二重证据法"、顾颉刚"古史辨"疑古史学，以及德国兰克学派和法国汉学的影响，傅斯年强调新史料的开掘和利用，极度重视原始资料，提倡"上穷碧落下黄泉，动手动脚找东西"。在他的号召和指导下，史语所抢救收集了大批濒危文献资料，发掘了众多珍贵的地下材料，开创了一代学术新风。

    1928 年，傅斯年在中山大学任教时曾讲授中国古代文学史，在《中国古代文学史讲义》的"泛论"部分有一篇《史料论略》，指出研究中国古代文学史的材料真伪难判及利用方法。傅斯年于 20 世纪 30 年代初在北大任教时讲授史学方法，该文即选自他的《史学方法导论》一书。《史学方法导论》共七讲，现仅存第四讲"史料论略"。傅斯年在其中提出了"史学即史料学"的史学方法论，强调科学精神、实证主义。傅斯年虽未真正建立起完整严密的史学理论体系，但仍具有开创现代史学的宝贵价值。

史料论略（节选）*

傅斯年

我们在上章讨论中国及欧洲历史学观念演进的时候，已经归纳到下列的几个结论：

一、史的观念之进步，在于由主观的哲学及伦理价值论变做客观的史料学。

二、著史的事业之进步，在于由人文的手段，变做如生物学、地质学等一般的事业。

三、史学的对象是史料，不是文词，不是伦理，不是神学，并且不是社会学。史学的工作是整

---

* 该文选自《史学方法导论》，是傅斯年 20 世纪 30 年代初在北大任教时得讲稿。

理史料，不是作艺术的建设，不是做疏通的事业，不是去扶持或推倒这个运动，或那个主义。

假如有人问我们整理史料的方法，我们要回答说：第一是比较不同的史料，第二是比较不同的史料，第三还是比较不同的史料。假如一件事只有一个记载，而这个记载和天地间一切其他记载（此处所谓记载，不专指文字，犹史料之不以文字为限）不相干，则对这件事只好姑信姑疑，我们没有法子去对他做任何史学的工夫。假如天地间事都是这样，则没有一切科学了，史学也是其一。不过天地间事并不如此。物理、化学的事件重复无数，故可以试验，地质、生物的记载每有相互的关系，故有归纳的结论。历史的事件虽然一件事只有一次，但一个事件既不尽止有一个记载，所以这个事件在或种情形下，可以比较而得其近真；好几件的事情又每每有相关联的地方，更可以比较而得其头绪。

在中国详述比较史料的最早一部书，是《通鉴考异》。这是司马君实领导着刘攽、刘恕、范祖禹诸人做的。这里边可以看出史学方法的成熟和整理史料的标准。在西洋则这方法的成熟后了好几百年，到十七八世纪，这方法才算有自觉的完成了。

史学便是史料学：这话是我们讲这一课的中央题目。史料学便是比较方法之应用：这话是我们讨论这一篇的主旨。但史料是不同的，有来源的不同，有先后的不同，有价值的不同，有一切花样的不同。比较方法之使用，每每是"因时制宜"的。处理每一历史的事件，每每取用一种特别的手段，这手段在宗旨上诚然不过是比较，在迎合事体上却是甲不能转到乙，乙不能转到丙，丙不能转到丁……徒然高揭"史学的方法是以科学的比较为手段，去处理不同的记载"一个口号，仍不过是"托诸空言"；何如"见诸实事之深切著明"呢？所以我们把这一篇讨论分做几节，为每节举一个或若干个的实例，以见整理史料在实施上的意义。

胡适《治学方法》导读

　　胡适对中国近代思想史具有开创性及深远的影响。胡适深受赫胥黎与杜威"无征不信"实证精神的影响，声称赫胥黎教他怎样怀疑，杜威教他怎样思想。另一方面，胡适深受朱熹"宋学"的怀疑精神和戴震"汉学"的求实精神的影响，朱熹提出的"不疑处有疑"、读书时应当"胆欲大而心欲小"和戴震提出的"但宜推求，勿为株守"，直接构成了胡适"大胆的假设，小心的求证"治学方法的重要来源。1921 年，胡适在《清代学者的治学方法》中概括出"大胆的假设，小心的求证"的方法，从此终生加以宣扬，成为他方法论的核心。

治学方法（节选）＊

胡　适

钱校长、各位先生、各位同学：

今年我感觉到很困难，因为当初我接受钱校长与刘院长的电报到台大和师院作学术讲演，我想总是在小屋子里面，只有二三十人，顶多一百人，可以有问有答；在小规模的讲堂里面，还可以有黑板写写字，这样子才可以作一种学术讲演。今天来到这么一个广场里面作学术讲演，的确是生平第一次，一定有许多话给先生们听了觉得太浅，同学们又觉得没有黑板写下来，不容易知道。我的南腔北

＊　该文是胡适 1952 年 12 月 1 日在台湾大学的演讲。

调的官话依然咬不清楚，一定使大家很失望，所以先要道歉！

当时我收到钱校长与刘院长的电报，我想了几天，我以为他们两位另外有一封详细的信告诉我：是两个学校分开还是合起来讲？是小讲堂还是大讲堂？当时的确没有想到在广场讲演。等了两个星期，他们没有信来，我自动打电报给他们两位；我提出两个题目：在台大讲"治学方法"，在师院讲"杜威哲学"。

杜威先生是我的老师，活了九十多岁，今年才过去。我们一般学生觉得，在自由中国应该有一个机会纪念他，所以杜威哲学这个题目，是当作一个纪念性。

今天讲治学的方法，其实也是带纪念性的。我感觉到台大的故校长——傅斯年先生，他是一个最能干，最能够领导一个学校，最能够办事的人。他办过中央研究院，历史语言研究所。他也在我之前先代理过北大校长一年；不是经过那一年，我简直没有办法。后来做台大校长，替台大定下很好的基础。他这个人，不但是国家的一个人，他是世界上很少见的一个多方面的天才，他的记忆力之强更是少有的。普通记忆力强的人往往不能思想；傅先生记忆力强，而且思考力非常敏锐，这种兼有记忆力与思考力的人，是世界上少见的。同时，能够做学问的人不见得能够办事，像我这样子，有时候可以在学问上做一点工作，但是碰到办事就很不行。钱校长说我当北大校长，还可以做研究的工作，不是别的，只因为我不会办事。我做校长，完全是无为而治；一切事都请院长、教务长、训导长去办，我从来不过问学校的事；自己关起门来做学问。傅先生能够做学问而又富有伟大的办事能力；像这种治学方法同办事能力合在一块，更是世界上少见的。因为傅先生同我是多年的同事，多年的朋友，同时在做学问这一条路上，我们又是多年的同志。所以我今天在台大来讲治学方法，也可以说是纪念这个伟大而可惜过去得太早的朋友。

······

我看到讲台前有许多位文史方面的老朋友们，我真是胆怯，因为我不是讲天文学、地质学、物理、化学，是在文史方面讲治学方法。在诸位先生面前讲这个题目真是班门弄斧了。

我预备讲三次：第一次讲治学方法的引论，第二次讲方法的自觉，第三次讲方法与材料的关系。

今天我想随便谈谈治学的方法。我个人的看法，无论什么科学——天文、地质、物理、化学等等——分析起来，都只有一个治学方法，就是做研究的方法。什么是做研究呢？就是说，凡是要去研究一个问题，都是因为有困难问题发生，要等我们去解决它；所以做研究的时候，不是悬空的研究。所有的学问，研究的动机和目标是一样的。研究的动机总是因为发生困难，有一个问题，从前没有看到，现在看到了，从前觉得没有解决的必要，现在觉得有解决的必要的。凡是做学问，做研究，真正的动机都是求某种问题某种困难的解决；所以动机

胡适《治学方法》（节选）

是困难，而目的是解决困难。这并不是我一个人的说法，凡是有做学问做研究经验的人，都承认这个说法。真正说起来，做学问就是研究；研究就是求得问题的解决。所有的学问，做研究的动机是一样的，目标是一样的，所以方法也是一样的。不但是现在如此；我们研究西方的科学思想，科学发展的历史，再看看中国二千五百年来凡是合于科学方法的种种思想家的历史，知道古今中外凡是在做学问做研究上有成绩的人，他的方法都是一样的。古今中外治学的方法是一样的。为什么是一样呢？就是因为做学问做研究的动机和目标是一样的。从一个动机到一个目标，从发现困难到解决困难，当中有一个过程，就是所谓方法。从发现困难那一天起，到解决困难为止，当中这一个过程，可能很长，也可能很短。有的时候要几十年，几百年才能够解决一个问题；有的时候只要一个钟头就可以解决一个问题。这个过程就是方法。

刚才我说方法是一样的，方法是甚么呢？我曾经有很多时候，想用文字把方法做成一个公式、一个口号、一个标语，把方法扼要地说出来；但是从来没有一个满意的表现方式。现在我想起我二三十年来关于方法的文章里面，有两句话也许可以算是讲治学方法的一种很简单扼要的话。

那两句话就是："大胆的假设、小心的求证。"要大胆的提出假设，但这种假设还得想法子证明。所以小心的求证，要想法子证实假设或者否证假设，比大胆的假设还更重要。这十个字是我二三十年来见之于文字，常常在嘴里向青年朋友们说的。有的时候在我自己的班上，我总希望我的学生们能够了解。今天讲治学方法引论，可以说就是要说明什么叫做假设；什么叫做大胆的假设；怎么样证明或者否证假设。

刚才我说过，治学的方法，做研究的方法，都是基于一个困难。无论是化学、地质学、生物学、社会科学上的一个问题，都是一个困难。当困难出来的时候，本于个人的知识、学问，就不知不觉地提出假设，假定有某几种可以解决的方案。比方诸位在台湾这几年看见杂志上有讨论《红楼梦》的文章，就是所谓红学，到底《红楼梦》有什么可以研究的呢？《红楼梦》里发生了什么问题呢？普通人看《红楼梦》里面的人物，都是不发生问题的，但是有某些读者却感觉到《红楼梦》发生了问题：《红楼梦》究竟是什么意思？当时写贾宝玉、林黛玉这些人的故事有没有背景？有没有"微言大义"在里面？写了一部七八十万字的书来讲贾家的故事，讲一个纨绔子弟贾宝玉同许多漂亮的丫头，漂亮的姊妹亲戚们的事情，有什么意义没有？这是一个问题。怎么样解决这个问题呢？当然你有一个假设，他也有一个假设。

在二三十年前，我写《红楼梦考证》的时候，有许多关于《红楼梦》引起的问题的假设的解决方案。有一种是说《红楼梦》含有种族思想，书中的人物都是影射当时满洲的官员，林黛玉是暗指康熙时候历史上一个有名的男人；薛宝钗、王凤姐和那些丫头们都是暗指历史上的人物。还有一种假设说贾宝玉是指一个满洲宰相明珠的儿子叫做纳兰性德——他是一个了不起的天才很高的文学家——那些丫头、姐妹亲戚们都是代表宰相明珠家里的一班文人清客；把书中漂亮的小姐们如林黛玉、薛宝钗、王凤姐、史湘云等人都改装过来化女为男。我认为这是很不可能，也不需要化装变姓的说法。

后来我也提出一个假设。我的假设是很平常的。《红楼梦》这本书，从头一回起，作者就说这是我的自传，是我亲自所看见的事体。我的假设就是说，《红楼梦》是作者的自传，是写他亲自看见的家庭。贾宝玉就是曹雪芹；《红楼梦》就是写曹家的历史。曹雪芹是什么人呢？他的父亲叫曹𫖯，他的祖父叫做曹寅；一家三代四个人做江宁织造，做了差不多五十年。所谓宁国府、荣国府，不是别的，就是指他们祖父、父亲、两个儿子，三代四个人把持五十多年的江宁织造的故事。书中说到，

"皇帝南巡的时候，我们家里接驾四次。"如果在普通人家，招待皇帝四次是可能倾家荡产的；这些事在当时是值得一吹的。所以，曹雪芹虽然将真事隐去，仍然舍不得要吹一吹。曹雪芹后来倾家荡产做了文丐，成了叫化子的时候，还是读书喝酒，跟书中的贾宝玉一样。这是一个假设；我举出来作一个例子。

……

凡是做学问，不特是文史方面的，都应当这样。譬如在化学实验室做定性分析，先是给你一盒东西，对于这盒东西你先要做几个假设，假设某种颜色的东西是什么，然后再到火上烧烧看，试验管发生了什么变化：这都是问题。这与《红楼梦》的解释一样的有问题；做学问的方法是一样的。我们的经验，我们的学问，是给我们一点知识以供我们提出各种假设的。所以"大胆的假设"就是人人可以提出的假设。因为人人的学问，人人的知识不同，我们当然要容许他们提出各种各样的假设。一切知识，一切学问是干什么用的呢？为什么你们在学校的这几年中有许多必修与选修的学科？都是给你们用；就是使你在某种问题发生的时候，脑背后就这边涌上一个假设，那边涌上一个假设。做学问，上课，一切求知识的事情，一切经验——从小到现在的经验，所有学校功课与课外的学问，为的都是供给你种种假设的来源，使你在问题发生时有假设的材料。如果遇上一个问题，手足无措，那就是学问、知识、经验、不能应用，所以看到一个问题发生，就没有法子解决。这就是学问知识里面不能够供给你一些活的材料，以为你做解决问题的假设之用。

单是假设是不够的，因为假设可以有许多。譬如《红楼梦》这一部小说，就引起了这么多假设。所以第二步就是我所谓"小心的求证"。在真正求证之先，假设一定要仔细选择选择。这许多假设，就是假定的解决方法，看那一个假定的解决方法是比较近情理一点，比较可以帮助我们解决那个开始发生的那个困难问题。譬如《红楼梦》是讲的什么？有什么意思没有？有这么多的假定的解释来了，在挑选的时候先要看那一个假定的解释比较能帮助你解决问题，然后说：对于这一个问题，我认为我的假设是比较能够满意解决的。譬如我的关于《红楼梦》的假设，曹雪芹写的是曹家的传记，是曹雪芹所看见的事实。贾母就是曹母，贾母以下的丫头们也都是他所看见的真实人物。当然名字是改了，姓也改了。但是我提出这一个假设，就是说《红楼梦》是曹雪芹的自传，最要紧的是要求证。我能够证实它，我的假设才站得住；不能证实，它就站不住。求证就是要看你自己所提出的事实是不是可以帮助你解决那个问题。要知道《红楼梦》讲什么，就要做《红楼梦》的考证。现在我可以跟诸位做一个坦白的自白。我做《红楼梦考证》那三十年中，曾经写了十几篇关于小说的考证，如《水浒传》《儒林外史》《三国演义》《西游记》《老残游记》《三侠五义》等书的考证。而我费了最大力量的，是一部讲怕老婆的故事的书，叫做《醒世姻缘》，约有一百万字。我整整花了五年工夫，做了五万字的考证。也许有人要问，胡适这个人是不是发了疯呢？天下可做学问很多，而且是学农的，为什么不做一点物理化学有关科学方面的学问呢？为什么花多少年的工夫来考证《红楼梦》《醒世姻缘》呢？我现在做一个坦白的自白，就是：我想用偷关漏税的方法来提倡一种科学的治学方法。我所有的小说考证，都是用人人都知道的材料，用偷关漏税的方法，来讲做学问的方法的。譬如讲《红楼梦》，至少我对于研究《红楼梦》问题，我对它的态度的谨严，自己批评的严格，方法的自觉，同我考据《水经注》是一样的。我对于小说材料，看做同化学问题的药品材料一样，都是材料。我拿《水浒传》《醒世姻缘》《水经注》等书做学问的材料。拿一种人人都知道的材料用偷关漏税的方法，要人家不自觉的养成一种"大胆的假设，小心的求证"的方法。

假设是人人可以提的。譬如有人提出骇人听闻的假设也无妨。假设是愈大胆愈好。但是提出一个假设，要想法子证实它。因此我们有了大胆的假设以后，还不要忘了小心的求证。比如我考证《红楼梦》的时候，我得到许多朋友的帮助，我找到许多材料。我已经印出的本子，是已经改了多少次的本子。我先要考出曹雪芹于《红楼梦》以外有没有其他著作？他的朋友和同他同时代的人有没有什么关于他的著作？他的父亲、叔父们有没有什么关于他的记载？关于他一家四代五个人，尤其是关于他的祖父曹寅，有多少材料可以知道他那时候的地位？家里有多少钱，多么阔？是不是真正能够招待皇帝到四次？我把这些有关的证据都想法找了来，加以详密的分析，结果才得到一个比较认为满意的假设，认定曹雪芹写《红楼梦》，并不是什么微言大义；只是一部平淡无奇的自传——曹家的历史。我得到这一家四代五个人的历史，就可以帮助说明。当然，我的假设并不是说就完全正确；但至少可以在这里证明"小心求证"这个工夫是很重要的。

……

我所以举这些例，把这些小说当成待解决的问题看，目的不过是要拿这样人人都知道的材料，来灌输介绍一种做学问的方法。这个方法的要点，就是方才我说的两句话："大胆的假设，小心的求证。"如果一个有知识有学问有经验的人遇到一个问题，当然要提出假设，假定的解决方法。最要紧的是还要经过一番小心的证实，或者否证它。如果你认为证据不充分，就宁肯悬而不决，不去下判断，再去找材料。所以小心的求证很重要。时间很短促，最后我要引用台大故校长傅先生的一句口号，来结束这次讲演。他这句口号是在民国十七年（1928）开办历史语言研究所时的两句名言，就是"上穷碧落下黄泉，动手动脚找东西"。这两句话前一句是白居易《长恨歌》中的一句，后一句是傅先生加上的。今天傅校长已经去逝，可是今天在座的教授李济之先生却还大为宣传这个口号，可见这的确是我们治学的人应该注意的。假设人人能提，最要紧的是能小心的求证；为了要小心的求证，就必须："上穷碧落下黄泉，动手动脚找东西。"今天讲的很浅近，尤其是在座有许多位文史系平常我最佩服的教授，还请他们多多指教。

　　……

第 三 编

治学经验

吕思勉《学习历史之经过》导读

吕思勉于1941年应上海《中美日报·堡垒》副刊编者之邀请，在该刊《自学讲座》内接连发表了四篇文章，详细记述其早年学习历史之经过。

学习历史之经过 *

吕思勉

一、少时得益于父母师友

《堡垒》的编者，嘱我撰文一篇，略述自己学习历史的经过，以资今日青年的借鉴。我的史学，本无足道；加以现在治史的方法，和从前不同，即使把我学习的经过，都说出来，亦未必于现在的青年有益。所以我将此题分为两橛，先略述我学习的经过，再略谈现在学习的方法。

我和史学发生关系，还远在八岁的时候。我自能读书颇早，这一年，先母程夫人，始取《纲鉴正

---

* 该标题为编者所加，四个小标题是原有的。

史约编》，为我讲解，先母无暇时，先姊颂宜（讳永萱），亦曾为我讲解过。约讲至楚汉之际。我说：我自己会看了，于是日读数页。约读至唐初，而从同邑魏少泉先生（景徵）读书。先生命我点读《纲鉴易知录》，《约编》就没有再看下去。《易知录》是点读完毕的。十四岁，值戊戌变法之年，此时我已能作应举文字。八股既废，先师族兄少木先生（讳景栅）命我点读《通鉴辑览》，约半年而毕。当中日战时，我已读过徐继畬的《瀛环志略》，并翻阅过魏默深的《海国图志》，该两书中均无德意志之名，所以竟不知德国之所在，由今思之，真觉得可笑了。是年，始得邹沅帆的《五洲列国图》，读日本冈本监辅的《万国史记》，蔡尔康所译的《泰西新史揽要》，及王韬的《普法战纪》，黄公度的《日本国志》，则读而未完，是为我略知世界史之始。明年，出应小试，微幸入学。先考誉千府君对我说：你以后要多读些书，不该就就于文字之末了。我于是又读《通鉴》和毕沅的《续通鉴》，陈克家的《明纪》，此时我读书最勤，读此三书时，一日能尽十四卷，当时茫无所知，不过读过一遍而已。曾以此质诸先辈，先辈说："初读书时，总是如此，读书是要自己读出门径来的，你读过两三千卷书，自然自己觉得有把握，有门径。初读书时，你须记得《曾文正公家书》里的话：'读书如略地，但求其速，勿求其精'"。我谨受其教，读书不求甚解，亦不求其记得，不过读过就算而已。十七岁，始与表兄管达如（联第）相见，达如为吾邑名宿谢钟英先生之弟子，因此得交先生之子利恒（观），间接得闻先生之绪论。先生以考证著名，尤长于地理，然我间接得先生之益的，却不在其考证，而在其论事之深刻。我后来读史，颇能将当世之事，与历史上之事实互勘，而不为表面的记载所囿，其根基实植于此时。至于后来，则读章太炎严几道两先生的译著，受其启发亦非浅。当世之所以称严先生者为译述，称章先生为经学，为小学，为文学，以吾观之，均不若其议论能力求覈实之可贵。

　　苏常一带读书人家，本有一教子弟读书之法，系于其初能读书时，使其阅《四库全书总目提要》一过，使其知天下（当时之所谓天下）共有学问若干种？每种的源流派别如何？重要的书，共有几部？实不啻于读书之前，使其泛滥一部学术史，于治学颇有裨益。此项功夫，我在十六七岁时亦做过，经、史、子三部都读完，惟集部仅读一半。我的学问，所以不至十分固陋，于此亦颇有关系。(此项功夫，现在的学生，亦仍可做，随意浏览，一暑假中可毕。)

　　十七岁这一年，又始识同邑丁桂徵先生（同绍）。先生之妻，为予母之从姊。先生为经学名家，于小学尤精熟，问以一字，随手检出《说文》和《说文》以后的字书，比我们查字典还要快。是时吾乡有一龙城书院，分课古经，舆地，天算，词章。我有一天，做了一篇经学上的考据文字，拿去请教先生，先生指出我对于经学许多外行之处，因为我略讲经学门径，每劝我读《说文》及《注》

《疏》。我听了先生的话，乃把《段注说文》阅读一过，又把《十三经注疏》亦阅读一过，后来治古史略知运用材料之法，植基于此。

二、我学习历史的经过

我少时所得于父母师友的，略如上述。然只在技术方面；至于学问宗旨，则反以受莫不相识的康南海先生的影响为最深，而梁任公先生次之。这大约是性情相近之故罢！我的感情是强烈的，而我的见解，亦尚通达，所以于两先生的议论，最为投契。我的希望，是世界大同，而我亦确信世界大同之可致，这种见解，实植根于髫年读康先生的著作时，至今未变。至于论事，则极服膺梁先生，而康先生的上书记，（康先生上书，共有七次。第一至第四书，合刻一本，第五第七各刻一本，惟第六书未曾刊行。）我亦受其影响甚深。当时的风气，是没有现在分门别类的科学的，一切政治上社会上的问题，读书的人，都该晓得一个大概，这即是当时的所谓"经济之学"。我的性质，亦是喜欢走这一路的，时时翻阅《经世文编》一类的书，苦于掌故源流不甚明白。十八岁，我的姨丈管凌云先生（讳元善），即达如君之父，和汤蛰仙先生同事，得其书《三通考辑要》，劝我阅读。我读过一两卷，大喜，因又求得《通考》原本，和《辑要》对读，以《辑要》为未足，乃舍《辑要》而读原本。后来又把《通典》和《通考》对读，并读过通志的二十略。此于我的史学，亦极有关系。人家都说我治史喜欢讲考据，其实我是喜欢讲政治和社会各问题的，不过现在各种社会科学，都极精深，我都是外行，不敢乱谈，所以只好讲讲考据罢了。

年二十一岁，同邑屠敬山先生（寄）在读书阅报社讲元史，我亦曾往听，先生为元史专家，考据极精细，我后来颇好谈民族问题，导源于此。

我读正史，始于十五岁时，初取《史记》照旧方评点，用五色笔照录一次，后又向丁桂徵先生借得前后《汉书》评本，照录一过。《三国志》则未得评本，仅自己点读一过，都是当作文章读的，于史学无甚裨益。我此时并读《古文辞类纂》和王先谦的《续古文辞类纂》，对于圈点，相契甚深。我于古文，虽未致力，然亦略知门径，其根基实植于十五岁十六岁两年读此数书时。所以我觉得要治古典文学的人，对于前人良好的圈点，是极需颇股的。古文评本颇多，然十之八九，大率俗陋，都是从前做八股文字的眼光，天分平常的人，一入其中，即终身不能自拔。如得良好的圈点，用心研究，自可把此等俗见，祛除净尽，这是枝节，现且不谈。四史读过之后，我又读《晋书》《南史》《北史》《新唐书》《新五代史》，亦如其读正续《通鉴》及《明纪》然，仅过目一次而已。听屠先生讲后，始读辽、金、元史，并得其余诸史补读。第一次读遍，系在二十三岁时，正史是最零碎的，匆匆读过，并不能有所得，后来用到时，又不能不重读。人家说我正史读过遍数很多，其实不然，我于四

史，《史记》《汉书》《三国志》，读得最多，都曾读
过四遍。《后汉书》《新唐书》《辽史》《金史》《元
史》三遍，其余都只两遍而已。

我治史的好讲考据，受《日知录》《廿二史劄
记》两部书，和梁任公先生在杂志中发表的论文，
影响最深。章太炎先生的文字，于我亦有相当影
响；亲炙而受其益的，则为丁桂徵、屠敬山两先
生。考据并不甚难，当你相当的看过前人之作，而
自己读史又要去推求某一事件的真相时，只要你
肯下功夫去搜集材料，材料搜集齐全时，排比起
来，自然可得一个结论。但是对于群书的源流和体
例，须有常识。又什么事件其中是有问题的，值得
考据，需要考据，则是由于你的眼光而决定。涉猎
的书多了，自然读一种书时，容易觉得有问题，所
以讲学问，根基总要相当的广阔，而考据成绩的好
坏，并不在于考据的本身。最要不得的，是现在学
校中普通做论文的方法．随意找一个题目，甚而至
于是人家所出的题目。自己对于这个题目，本无

兴趣，自亦不知其意义，材料究在何处，亦茫然不知，于是乎请教先生，而先生亦或是一知半解的，好的还会举出几部书名来，坏的则不过以类书或近人的著作塞责而已。（以类书为线索，原未始不可，若径据类书撰述，就是笑话了。）不该不备，既无特见，亦无体例，聚集钞撮，不过做一次高等的钞胥工作。做出来的论文，既不成其为一物，而做过一次，于研究方法，亦毫无所得，小之则浪费笔墨，大之则误以为所谓学问，所谓著述，就是如此而已，则其贻害之巨，有不忍言者已。此亦是枝节，搁过不谈。（此等弊病，非但中国如此，即外国亦然。抗战前上海《大公报》载有周太玄先生的通信，曾极言之。）

三、社会科学是史学的根基

我学习历史的经过，大略如此，现在的人，自无从再走这一条路。史学是说明社会之所以然的，即说明现在的社会为什么成为这个样子。对于现在社会的成因，既然明白，据以推测未来，自然可有几分用处了。社会的方面很多，从事于观察的，便是各种社会科学。前人的记载，只是一大堆材料。我们必先知观察之法，然后对于其事，乃觉有意义，所以各种社会科学，实在是史学的根基，而尤其是社会学。因为社会是整个的，所以分为各种社会科学，不过因一人的能力有限，分从各方面观察，并非其事各不相干，所以不可不有一个综合的观察。综合的观察，就是社会学了。我尝觉得中学以下的讲授历史，并无多大用处。历史的可贵，并不在于其记得许多事实，而在其能据此事实，以说明社会进化的真相。根据于事实，以说明社会进化的真相，非中学生所能；若其结论系由教师授与，则与不授历史何异？所以我颇主张中学以下的历史，改授社会学，而以历史为其注脚，到大学以上，再行讲授历史。此意在战前，曾在《江苏教育》上发表过，未能引起人们的注意。然我总觉得略知社会学的匡廓，该在治史之先。至于各种社会科学，虽非整个的，不足以揽其全，亦不可以忽视。为什么呢？大凡一个读书的人，对于现社会，总是觉得不满足的，尤其是社会科学家，他必先对于现状，觉得不满，然后要求改革；要求改革，然后要想法子；要想法子，然后要研究学问。若其对于现状，本不知其为好为坏，因而没有改革的思想；又或明知其不好，而只想在现状之下，求个苟安，或者捞摸些好处，因而没有改革的志愿，那还讲学问做什么？所以对于现状的不满，乃是治学问者尤其是社会科学者真正的动机。此等愿望，诚然是社会进步的根原；然欲遂行改革，非徒有热情，便可济事，必须有适当的手段，而这适当的手段，就是从社会科学里来的。社会的体段太大了，不像一件简单的物事，显豁呈露的摆在我们面前，其中深曲隐蔽之处很多，非经现代的科学家，用科学方法，仔细搜罗，我们根本还不知道有这回事，即使觉得有某项问题，亦不会知其症结之所在。因而我们想出来的对治的方法，总像斯宾塞在《群学肄言》里所说的：看见一个铜盘，正面凹了，就想在反面凸出处打击一下，自以为对症发药，而不知其结果更坏。发行一种货币，没有人肯使用，就想用武力压迫，就是这种见解最浅显的一个例子。其余类此之事还很多，不胜枚举，而亦不必枚举。然则没有科学上的常识，读了历史上一大堆事实的记载，又有何意义呢？不又像我从前读书，只是读过一遍，毫无心得了么？所以治史而又能以社会科学为根柢，至少可以比我少花两三年功夫，而早得一些门径。这是现在治史学的第一要义，不可目为迂腐而忽之。

对于社会科学，既有门径，即可进而读史，第一步，宜就近人所著之书，拣几种略读，除本国史外，世界各国的历史，亦须有一个相当的认识；因为现代的历史，真正是世界史了，任何一国的事实，都不能撇开他国而说明。既然要以彼国之事，来说明此国之事，则对于彼国既往的情形，亦非知道大概不可。况且人类社会的状态，总是大同小异的：其异，乃由于环境之殊，比如夏葛而冬裘，正因其事实之异，而弥见其原理之同。治社会科学者，最怕的是严几道所说的"国拘"，视自己社会的风俗制度为天经地义，以为只得如此，至少以为如此最好。此正是现在治各种学问的人所应当打破的成见，而广知各国的历史，则正是所以打破此等成见的，何况各国的历史，还可以互相比较呢？

四、职业青年的治学环境

专治外国史，现在的中国，似乎还无此环境。如欲精治中国史，则单看近人的著述，还嫌不够，因为近人的著述，还很少能使人完全满意的，况且读史原宜多觅原料，不过学问的观点，随时而异，昔人所欲知的，未必是今人所欲知，今人所欲知的，自亦未必是昔人所欲知。因此昔人著述中所提出的，或于我们为无益，而我所欲知的，昔人或又未尝提及。居于今日而言历史，其严格的意义，自当用现代的眼光，供给人以现代的知识，否则虽卷帙浩繁，亦只可称为史料而已。中国人每喜以史籍丰富自夸，其实以今日之眼光衡之，亦只可称为史料丰富。史料丰富，自然能给专门的史学家以用武之地，若用来当历史读，未免有些不经济，而且觉得不适合。但是现在还只有此等书，那也叫没法，我们初读的时候，就不得不多费些功夫。于此，昔人所谓门径是自己读出来的；读书之初，不求精详，只求捷速；读书如略地，非如攻城……仍有相当的价值。阅读之初，仍宜以编年史为首务，就《通鉴》一类的书中，任择一种，用走马看花之法，匆匆阅读一遍。此但所以求知各时代的大势，不必过求精细。做这一步功夫时，最好于历史地理，能够知道一个大概。这一门学问，现在亦尚无适当的书，可取《方舆纪要》，读其全书的总论和各省各府的总论。读时须取一种历史地图翻看。这一步功夫既做过，宜取《三通考》，读其田赋，钱币，户口，职役，征榷，市籴、土贡、国用、选举、学校、职官、兵、刑十三门。历史的根柢是社会，单知道攻战相杀的事是不够的，即政治制度，亦系表面的设施。政令的起原（即何以有此政令），及其结果（即其行与不行，行之为好为坏），其原因总还在于社会，非了解社会情形，对于一切史事，可说都不能真实了解的。从前的史籍，对于社会情形的纪述，大觉阙乏。虽然我们今日，仍可从各方面去搜剔出来，然而这是专门研究的事。在研究之初，不能不略知大概。这在旧时的史籍中，惟有叙述典章制度时，透露得最多。所以这一步工夫，于治史亦殊切要。此两步工夫都已做过，自己必已有些把握，其余一切史书，可以随意择读了。正史材料，太觉零碎，非已有主见的人，读之实不易得益，所以不必早读。但在既有把握之后读之，则其中可资取材之处正多。正史之所以流传至今，始终被认为正史者，即由其所包者广，他书不能替代之故。但我们之于史事，总只能注意若干门，必不能无所不包。读正史时，若能就我们所愿研究的事情，留意采取，其余则只当走马看花，随读随放过，自不虑其茫无津涯了。

考据的方法，前文业经略说，此中惟古史最难。因为和经子都有关涉，须略知古书门径，此须别为专篇乃能详论，非此处所能具陈。

学问的门径，所能指出的，不过是第一步。过此以往，就各有各的宗旨，各有各的路径了。我是一个专门读书的人，读书的工夫，或者比一般人多些，然因未得门径，绕掉的圈儿，亦属不少。现在讲门径的书多了，又有各种新兴的科学为辅助，较诸从前，自可事半功倍。况且学问在空间，不在纸上，读书是要知道宇宙间的现象，就是书上所说的事情；书上所说的事情，也要把他转化成眼前所见的事情。如此，则书本的记载，和阅历所得，合同而化，才是真正的学问。昔人所谓"世事洞明皆学问，人情练达即文章"，其中确有至理。知此理，则阅历所及，随处可与所治的学问相发明，正不必兢兢于故纸堆中讨生活了。所以职业的青年，治学的环境，未必较专门读书的青年为坏，此义尤今日所不可不知。

罗常培《我是如何走上研究语言学之路的？》导读

罗常培毕生从事语言教学、少数民族语言研究、方言调查和音韵学研究，是我国现代语言学的奠基人之一，与赵元任、李方桂同称为早期中国语言学界的"三巨头"。他的研究或是从教学实践出发，或是从学科建设的需要出发，有明确的计划；在研究时注重理论与实际并重，兼顾普及与提高，抽丝剥茧，穷源竟委，博引旁征，一丝不苟，研究范围层层扩展，步步深入，对我国语言学及音韵学研究影响深远。新中国成立后，罗常培受命筹建中国科学院语言研究所，该文是他于1954年2月2日在中国科学院语言研究所给青年研究人员作的报告，由王辅世记录，简要回顾了他1934年以前研究汉语音韵、方音的经过。

我是如何走上研究语言学之路的? ★

罗常培

我半生没有什么成就,即使说有一些成就,也
是微不足道的。不过,我觉得半生以来我的治学精
神,有可供青年同志学习的地方。我心里常有几个
字,就是"在缺陷中努力"。我总是感到知识不够,
不如别人,因此要求自己要加倍努力。另外,我有
一股子知其不可而为之的劲儿,明明知道自己的力
量不够做某一件事,但勇于担负起做那件事的责
任,不怕困难,不怕辛苦。我总觉得人人都可以做

★　该文选自《罗常培纪念论文集》,商务印书馆 1984
　　年版。

自己的老师。如果说我有什么长处，这就是我的一点长处。

我也有不可学习的一面，这就是我没有把力量放在革命事业上。在我做学问的时期，正是中国反帝、反封建的大革命时期。我做研究工作，没有跟革命配合，而是努力争个人的名利；没有发扬革命英雄主义，而是发展了个人英雄主义。希望大家不要学我，应当把研究工作跟革命事业结合起来，为社会主义革命和建设贡献力量。

下面我谈一谈我是怎么走上研究语言学这条路的。

一、根基薄弱　我家不是地主、资本家或官僚家庭，而是一个没落的封建家庭。我的父兄都不是读书人。我小时候读私塾，到 9 岁上小学。魏（建功）先生 14 岁就能读《说文》，我到 20 岁还不知道有《说文》这么一部书。所以说我的根基薄，不是家学渊源的。旧书我只读了《四书》《诗经》《书经》和半部《左传》。中学毕业以后，没有上预科就考入北大文科本科。我是躐等生，程度比同班同学都差，傅斯年能背半部《文选》，能读英、法、德文的书。我在中学上学时，英文还不错，上大学不要求学外文，我选了丁班外文，读 Royal Reader 第四册，教师教的不好，我也没有好好学。现在有的同志觉得在大学时期没有能够认真读书，没有学到什么东西，这不要紧，假如及时努力，仍可以学到所要学的东西。

二、我研究语言学的萌芽　我研究语言学并不是没有原因的。我在中学读书时，利用业余时间跟人学习速记，学会了 22 个声母，35 个韵母的记法。本来我是想要用速记来记笔记的。正赶上 1917 年黎元洪当大总统，恢复旧国会，我的速记老师约我到国会用速记作记录，每月工资大洋 80 元。我每次记 30 分钟，会后要用四个小时整理。我学会了声、韵母符号，并用来作会议记录，记音就有了训练。另外，国会里有各省的人，他们说各种不同的方言，我很喜欢听外省人讲话，也愿意学他们的话，我记得当时我学会了汤化龙的湖北话。后来，我学习了王照的《官话字母》，又学习了注音字母，我对拼音、记音发生了很大的兴趣，打下了研究语言学的基础。

三、在上大学时期的暗中摸索 我的基础不好，旧学问、洋学问都不够。当时我的大学同学都比我强。朱希祖讲文学史，我听不懂，夏溪奇讲课，我也听不懂。只有钱玄同（名夏，字仲季，号玄同，后改"疑古老爹"）年轻，讲话清楚。文字学，一部为音韵篇，钱玄同著，一部为形义篇，朱宗莱著，因为我有记音训练，我对他讲的东西有了兴趣。当时我对古书知道的很少，先生和同学们提到的书名我都不知道。那时我手中有国会给的薪水，他们说一部，我就去买一部。只有陈澧的《切韵考》买不到，这书是广东木刻版，木版烧了，所以不易买到，我只好到理学院去抄。后来我到广东教书时，才买到了《切韵考》。大学时期我听刘师培的课，用速记记笔记。由于我不是书香门第，不会做学问，尽管有著名的学者做老师，我未能提纲挈领地去找参考书，发现问题向老师求教，我只是暗中摸索。

四、教书以后的锻炼　1924 年我虚岁 26 岁，大学毕业后在西北大学做教授，校址在西安。我兼国学专修科主任，前任是胡光炜，很难接，我的确有点心虚。但我打定主意埋头苦干，还是接下来了。我教的课是文字学，兼教中国文学史、修辞学。课程多，备课很苦。文字学没有教完，只教了一年，因军阀刘镇华和胡景翼打仗，我回到北京。谈到教书，起初我想什么都可以教，只要好好备课，写出讲义就行了。但事后证明，教书不能专凭讲义。因为上课时，学生要提问，超出讲义所讲的范围，就回答不上来了，所以自己必须把问题都弄清楚，才能教学生。举一个例子：钱玄同讲音韵学时引劳乃宣《等韵一得》上的话说戛音作戛击之势，透音作透出之势，轹音作轹过之势，捺音作按捺之势，我自己并不明白是怎么回事，我给学生也这么讲，学生怎么能懂？不能以其昏昏使人昭昭。后来我看高元的《国音学》，才给我解决了问题，高元引用 Henry Sweet 的话给端、透、来、泥作了形象的描写，我对劳乃宣的戛、透、轹、捺就明白多了。所以，我觉得遇到问题应当多找几本书，看各家是怎么讲的，这非常重要。从这时起，我就开始摸索语音学了。我的头一本语音学的书是从丸善株式会社买的。这是 1924 年的事。

就在这个时候，陈嘉庚请鲁迅、张星烺、顾颉刚、陈万里到厦门大学去教书，我也被请去了。到那里以后，听当地人说"去哪里？"是 k'itolo，我觉得厦门方音很有意思，我就存心要学厦门话。当时我开的课有经学通论，中国音韵学史。课余之暇，请人给我发厦门音。

1927 年，我到广东中山大学任教，开声韵学、学韵研究、声韵学史等课，搜集材料很多，现在还保留着一些讲义。在广州，我为了研究《广韵》，每月出 30 元港币跟人学广州话。因为我对劳乃宣把音分为戛、透、轹、捺四组有很多疑问，看了高元的《国音学》，也只是明白了一些，并不是彻底明白。1928年赵元任先生到广州调查方言，我就向赵请教戛、透、轹、捺的问题，赵先生在三天之内把我三年的疑问都解决了。赵和我的关系是介于师友之间的，赵记音的时候，我也记，记完以后，如果发现自己记的和赵记的相同，就非常高兴，增加了记音的自信心；如果自己记的和赵记的不相同，知道自己记的差，应当向赵学习。

五、在中研院七年　在中山大学教书的过程中，我觉得自己的学问不充实，应当先充实自己再去教书。于是我辞去中山大学中文系主任的职务，进了中央研究院历史语言研究所。那时研究所只是一个筹备处，设在广州东山，傅斯年任所长。我主要想整理音韵学史，我想把汉语发展史全部列入计划。我又想研究广州话的虚词，又想学瑶语，东西乱抓，不知道先搞什么好。后来有人说我的坏话，我就打定主意发愤努力。我记得在1929年元旦我

有意保险 20 年，我要玩儿命，非干出个名堂来不
可。那时候我的文章都不离开汉语音韵发展史，第
一篇文章是《耶稣会士在音韵学上的贡献》。写这
篇文章，我是先整理《西儒耳目资》和《程氏墨
苑》，我手边没有《西儒耳目资》，托人到东方图书
馆把《西儒耳目资》中的音韵部分抄录出来，每日
苦干，废寝忘食。

　　不久研究所搬到北京。我想写《厦门音系》，
请林立光发音半年。我手边还有 1927 年在厦门记
的材料，我利用那些材料作了一个字表，请发音人
校正。厦门话文言与白话相差很远，我只问文言的
音。请发音人把音灌在蜡筒上，我先把灌的音用国
际音际记出来，然后请赵元任先生听蜡筒上的音，
给我校正。赵先生记音非常有经验。特别是声调，
赵先生记的最准确，经常改正我的错误。后来，我
考学生也是在蜡筒上灌音，让他们记音，然后评定
正确与否。《厦门音系》这本书我自己并不太满意。
现在苏联要翻译我的《厦门音系》《临川音系》和

《唐五代西北方音》这三本书，我认为只有《唐五代西北方音》写得较好，可以翻译。

我写的第二本书是《唐五代西北方音》。写这本书，完全出于偶然，同时觉得导师非常重要。有一天我到团城古籍堂去找罗庸，在他那里我见到《敦煌遗书》，其中有羽田亨搜集的被伯希和拿走的《藏汉对译千字文》（伯希和敦煌文件第 3419 号），我正在研究汉语语音演变史，就向罗庸借了这本书，把每个字都抄在卡片上。当时陈寅恪先生在北京，我得到他很大的帮助。他指导我读参考书，找其他材料。我埋头钻研，以三个月的时间完成了这一本书。当时正是长城战役猛烈进行，北京可以听到炮声的时候！

第三本书是《临川音系》。1933 年我到青岛去讲演，见到游国恩，他是临川人，我觉得他说的话很有特点，我就记了他的音。回到北京以后我又找辅仁大学的黄森梁记音。我认为如果把江西客家话研究清楚，可以解决民族迁徙的一些问题。

第四本书是《徽州方言调查》，共调查了 6 个县 46 个点的材料，稿子尚未整理。

另外还有几件未完成的工作：

1.《两汉三国南北朝韵谱》，1933 年已开始作，参加工作的有丁声树、周殿福、严学窘、吴晓铃，后来交给周祖谟整理。昨天周把稿子交来，但第二、三、四章没有写完，如何校对很成问题。

2.《经典释文音切考》，声韵类已有百分之八十完成。

3.《唐五代宋金元词韵谱》。

4.《韵镜校释》，共搜集了二三十个本子。

我在中国音韵学方面的底子不是在上大学时期打的，而是在中央研究院摸到的门。我不是读好了书再写书，而是用剥茧抽丝法和磁石吸铁法为写书而搜集材料，材料越集越多，1928 年至 1934 年这七年间写了一些文章。大家如果把自我培植和工作结合起来，在工作中磨炼，就会随时有所发现，引出问题，设法解决这些问题，就是你们的成就。

傅雷《翻译经验点滴》导读

　　傅雷对古今中外的文学、绘画、音乐等有深厚的造诣，曾经以笔名发表小说和文学评论，还写过许多关于文学、出版、音乐、艺术等方面的论述或意见书。傅雷性情孤傲刚直，青年时代留学法国学习艺术理论，回国后曾从事美术考古、美术教学工作，但因与流俗的氛围格格不久，不久即绝裾而去，选择自己闭门译述。傅雷翻译了 33 部经典作品，五百余万言，其中以巴尔扎克的 15 部小说和罗曼·罗兰的《约翰·克利斯朵夫》等最为脍炙人口，影响深远。该文即体现了他对翻译的认真态度和执着精神，对从事相关行业者有极大的启迪作用。

翻译经验点滴 *

傅　雷

　　《文艺报》编辑部要我谈谈翻译问题，把我难住了，多少年来多少人要我谈，我都婉词谢绝，因为有顾虑。谈翻译界现状吧，怕估计形势不足，倒反犯了自高自大的嫌疑；五四年翻译会议前，向领导提过一份意见书，也是奉领导之命写的，曾经引起不少人的情绪，一之为甚，岂可再乎？谈理论吧，浅的大家都知道，不必浪费笔墨；谈得深入一些吧，个个人敝帚自珍，即使展开论战，最后也很容易抬出见仁见智的话，不了了之。而且翻译重在

　　＊　该文原载于《文艺报》1957 年第 10 期。

实践，我就一向以眼高手低为苦。文艺理论家不大能兼作诗人或小说家，翻译工作也不例外；曾经见过一些人写翻译理论，头头是道，非常中肯，译的东西却不高明得很，我常引以为戒。不得已，谈一些点点滴滴的经验吧。

我有个缺点：把什么事看得千难万难，保守思想很重，不必说出版社指定的书，我不敢担承，便是自己喜爱的作品也要踌躇再三。一九三八年译《嘉尔曼》，事先畏缩了很久，一九五四年译《老实人》，足足考虑了一年不敢动笔，直到试译了万把字，才通知出版社。至于巴尔扎克，更是远在一九三八年就开始打主意的。

我这样的踌躇当然有思想根源。第一，由于我热爱文艺，视文艺工作为崇高神圣的事业，不但把损害艺术品看做像歪曲真理一样严重，并且介绍一件艺术品不能还它一件艺术品，就觉得不能容忍，所以态度不知不觉的变得特别郑重，思想变得很保守。译者不深刻的理解、体会与感受原作，决不可能叫读者理解，体会与感受。而每个人的理解，体会与感受，又受着性格的限制。选择原作好比交朋友：有的人始终与我格格不入，那就不必勉强；有的人与我一见如故，甚至相见恨晚。但即使对一见如故的朋友，也非一朝一夕所能真切了解。想译一部喜欢的作品要读到四遍五遍，才能把情节，故事，记得烂熟，分析彻底，人物历历如在目前，隐藏在字里行间的微言大义也能慢慢咂摸出来。但做了这些功夫是不是翻译的条件就具备了呢？不。因为翻译作品不仅仅在于了解与体会，还需要进一步把我所了解的，体会的，又忠实又动人的表达出来。两个性格相反的人成为知己的例子并不少，古语所谓刚柔相济，相反相成；喜爱一部与自己的气质迥不相侔的作品也很可能，但要表达这样的作品等于要脱胎换骨，变做与我性情脾气差别很大，或竟相反的另一个人。倘若明知原作者的气质与我的各走极端，那倒好办，不译就是了。无奈大多数的情形是双方的精神距离并不很明确，我的风格能否适应原作的风格，一时也摸不清。了解对方固然难，了解自己也不容易。比如我有幽默感而没写过幽默文章，有正义感而没写过匕首一般的杂文；面对着服尔德那种句句辛辣、字字尖刻，而又笔致清淡，干净素雅的寓言体小说，叫我怎能不逡巡畏缩，试过方知呢？《老实人》的译文前后改过八道，原作的精神究竟传出多少还是没有把握。

因此，我深深的感到：（一）从文学的类别来说，译书要认清自己的所短所长，不善于说理的人不必勉强译理论书，不会做诗的人千万不要译诗，弄得不仅诗意全无，连散文都不像，用哈哈镜介绍作品，无异自甘作文艺的罪人。（二）从文学的派别来说，我们得弄清楚自己最适宜于哪一派：浪漫派还是古典派？写实派还是现代派？每一派中又是哪几个作家？同一作家又是哪几部作品？我们的界限与适应力（幅度）只能在实践中见分晓。勉强不来的，即是试译了几万字，也得"报废"，毫不可惜；能适应的还须格外加工。测验"适应"与否的第一个尺度，是对原作是否热爱，因为感情与了解是互为因果的；第二个尺度是我们的艺术眼光，没有相当的识见，很可能自以为适应，而实际只是一厢情愿。

使我郑重将事的第二个原因，是学识不足，修养不够。虽然我趣味比较广，治学比较杂，但杂而不精，什么都是一知半解，不派正用。文学既以整个社会整个人为对象，自然牵涉到政治、经济、哲学、科学、历史、绘画、雕塑、建筑、音乐，以至天文地理，医卜星相，无所不包。有些疑难，便是驰书国外找到了专家说明，因为国情不同，习俗不同，日常生活的用具不同，自己懂了仍不能使读者懂。（像巴尔扎克那种工笔画，主人翁住的屋子，不是先画一张草图，情节就不容易理解清楚。）

琢磨文字的那部分工作尤其使我长年感到苦闷。中国人的思想方式和西方人的距离多么远。他们喜欢抽象，长于分析；我们喜欢具体，长于综合。要不在精神上彻底融化，光是硬生生的照字面搬过来，不但原文完全丧失了美感，连意义都晦涩难解，叫读者莫名其妙。这不过是求其达意，还没有谈到风格呢。原文的风格不论怎么样，总是统一的，完整的；译文当然不能支离破碎。可是我们的语言还在成长的阶段，没有定形，没有准则；另一方面，规范化是文艺的大敌。我们有时需要用文言，但文言在译文中是否水乳交融便是问题；我重译《克利斯朵夫》的动机，除了改正错误，主要是因为初译本运用文言的方式，使译文的风格驳杂不纯。方言有时也得用，但太浓厚的中国地方色彩会妨碍原作的地方色彩。纯粹用普通话吧，淡而无味，生趣索然，不能作为艺术工具。多读中国的古典作品，熟悉各地的方言，急切之间也未必能收效，而且只能对译文的语汇与句法有所帮助；至于形成和谐完整的风格，更有赖于长期的艺术熏陶。像上面说过的一样，文字问题基本也是个艺术眼光的问题；要提高译文，先得有个客观标准，分得出文章的好坏。

　　文学的对象既然以人为主，人生经验不丰富，就不能充分体会一部作品的妙处。而人情世故是没有具体知识可学的。所以我们除了专业修养，广泛涉猎以外，还得训练我们观察、感受、想象的能力；平时要深入生活，了解人，关心人，关心一切，才能亦步亦趋的跟在伟大的作家后面，把他的心曲诉说给读后听。因为文学家是解剖社会的医生，挖掘灵魂的探险家，悲天悯人的宗教家，热情如沸的革命家；所以要做他的代言人，也得像宗教家一般的虔诚，像科学家一般的精密，像革命志士一般的刻苦顽强。

　　以上说的翻译条件，是不是我都做到了？不，差得远呢！可是我不能因为能力薄弱而降低对自己的要求。艺术的高峰是客观的存在，决不会原谅我的渺小而来迁就我的。取法乎上，得乎其中，一切学问都是如此。

　　另外一点儿经验，也可以附带说说。我最初从事翻译是在国外求学的时期，目的单单为学习外

文，译过梅里美和都德的几部小说，非但没想到
投稿，译文后来怎么丢的都记不起来；这也不足为
奇，谁珍惜青年时代的课卷呢？一九二九年至三一
年间，因为爱好音乐，受到罗曼·罗兰作品的启
示，便译《贝多芬传》，寄给商务印书馆，被退回
了；一九三三年译了莫洛阿的《恋爱与牺牲》寄给
开明，被退回了（上述二种以后都是重新译过的）。
那时被退的译稿当然不止这两部；但我从来没有什
么不满的情绪，因为总认为自己程度不够。事后证
明，我的看法果然不错；因为过了几年，再看一遍
旧稿，觉得当年的编辑没有把我幼稚的译文出版，
真是万幸。和我同辈的作家大半都有类似的经历。
甘心情愿的多做几年学徒，原是当时普遍的风气。
假如从旧社会中来的人还不是一无足取的话，这个
风气似乎值得现代的青年再来提倡一下。

一九五七年五月十二日

责任编辑：王彦波
封面设计：汪　阳

图书在版编目（CIP）数据

治学的方法与技巧 / 牛润珍 编 . —北京：人民出版社，2020.12
ISBN 978 - 7 - 01 - 022029 - 1

I. ①治… 　II. ①牛… 　III. ①治学精神 – 文集 　IV. ① G795–53

中国版本图书馆 CIP 数据核字（2020）第 061088 号

治学的方法与技巧

ZHIXUE DE FANGFA YU JIQIAO

牛润珍　编

人 & 出 版 社 出版发行
（100706　北京市东城区隆福寺街 99 号）

北京中科印刷有限公司印刷　新华书店经销

2020 年 12 月第 1 版　2020 年 12 月北京第 1 次印刷
开本：787 毫米 ×1092 毫米 1/32　印张：8
字数：97 千字

ISBN 978 - 7 - 01 - 022029 - 1　定价：49.00 元

邮购地址 100706　北京市东城区隆福寺街 99 号
人民东方图书销售中心　电话（010）65250042　65289539